westermann

Medienbildung in der Grundschule

Leitfaden für Unterricht und Elternarbeit

Herausgeber
Florian Nuxoll

Autorenteam
Kristin Narr
Chris Höppner
Hannah Bunke-Emden

unter Mitarbeit der Verlagsredaktion

ÜBER DAS AUTORENTEAM

Kristin Narr arbeitet als freiberufliche Medienpädagogin in den Bereichen des offenen, kreativen und partizipativen Einsatzes digitaler Medien sowie im Lernen in digitalen Umgebungen.
Neben Workshops, Projekten und Vorträgen führt sie Fortbildungen für Lehrkräfte zu Medienbildung durch.

Chris Höppner ist Bildungswissenschaftler und arbeitet als freier Bildungsreferent, Trainer und Berater, u. a. im Bereich Schule.
Er liebt es, lebendige Bildungsprozesse lebensweltorientiert und partizipativ zu gestalten, neuen Ideen Raum zu geben und individuelle Entwicklungen anzustoßen.

Hannah Bunke-Emden studiert im Masterstudium Kommunikations- und Medienwissenschaft im Schwerpunkt Medienpädagogik an der Universität Leipzig. Sie arbeitet nebenbei in verschiedenen medienpädagogischen Projekten mit, u. a. als Projektorganisation im Projekt *„Maker Days for Kids"* in Leipzig.

Florian Nuxoll ist u. a. Herausgeber und Teil des Autorenteams des Arbeitsheftes *MEDIENWELTEN Grundschule 3/4*, das zum Angebot zur Medienbildung für Grundschulen in der Westermann Gruppe gehört.

ÜBER DIESES BUCH

Dieser Leitfaden bietet für Grundschullehrerinnen und Grundschullehrer aller Klassenstufen eine Hilfestellung im Bereich Medienbildung.
Das Autorenteam will Mut machen, sich mit Medienbildung im eigenen Unterricht und in der Schule auseinanderzusetzen. Dazu gibt es konkrete Hilfestellungen durch viele Praxistipps und Verweise, erprobte Empfehlungen zur kompetenzorientierten Auseinandersetzung sowie zur Elternarbeit.
Der Medienbegriff wird dabei sehr weit gefasst und schließt digitale Medien (z. B. Tablets und Smartphones) und analoge Medien (z. B. Bücher) ein.

Der vorliegende Leitfaden gliedert sich nach den sechs Kompetenzbereichen, die im Strategiepapier *„Bildung in der digitalen Welt"* der Kultusministerkonferenz (KMK) aus dem Jahr 2016 beschrieben werden.

Nach einem einleitenden Kapitel, in dem kurz die gedanklichen Grundlagen dieses Buches erörtert werden, folgen Inhalte zu den drei Kompetenzbereichen
- *Suchen, Verarbeiten und Aufbewahren*,
- *Kommunizieren und Kooperieren*,
- *Produzieren und Präsentieren*,

die unter dem Aspekt **Lernen mit Medien** (Medien als Methode) gebündelt werden können.
Daran schließen Inhalte zu den Kompetenzbereichen
- *Schützen und sicher Agieren*,
- *Problemlösen und Handeln*,
- *Analysieren und Reflektieren*

an, die unter dem Aspekt **Lernen über Medien** (Medien als Inhalt) gebündelt werden können.

Die sechs Kapitel zu den Kompetenzbereichen folgen stets einem gleichen Aufbau. Dieser wird auf der folgenden Seite erläutert.

Abgerundet wird das Buch durch ein Kapitel mit Empfehlungen zur Zusammenarbeit mit Eltern von Grundschulkindern im Bereich Medienbildung.

KAPITELAUFBAU

Der **Kompetenzbereich** wird mit seinen Bestandteilen kurz beschrieben.

Die **für die Grundschule relevanten Aspekte** des Kompetenzbereiches werden gebündelt dargestellt. Es wird begründet, warum Grundschullehrkräfte sich mit diesen beschäftigen sollten.

Kleine, meist kostenlose sowie niedrigschwellige **erste Werkzeuge und Anwendungen** werden vorgestellt. Analoge Anwendungen werden dabei nicht ausgeschlossen.
Die Symbole zeigen an, ob für die Anwendung ein digitales Gerät (PC, Laptop, Tablet oder Smartphone) notwendig ist. Wird zusätzlich eine Internetverbindung benötigt, steht das entsprechende Symbol dabei.

ohne Technik

mit Technik (PC/Laptop/Tablet/Smartphone)

Internetverbindung erforderlich

In diesem Abschnitt eines jeden Kapitels wird **Hintergrundwissen** zur Arbeit im jeweiligen Kompetenzbereich angeboten.

In gebündelter Form sind **die wichtigsten Aspekte**, die in Bezug auf den Kompetenzbereich beachtet werden sollen, dargestellt.

Dieser Teil beschreibt eine konkrete **Unterrichtsidee mit Fokus auf den Kompetenzbereich** mit Zielen sowie Angaben zu Methodik und Inhalten.

Vertiefendes und Weiterführendes findet sich am Ende eines jeden Kapitels, teils mit Hinweisen in Bezug auf jüngere und ältere Kinder sowie mit Anregungen zu weiterführenden Angeboten.

Die Hinweise und Empfehlungen für die **Elternarbeit** werden in einem gesonderten Kapitel am Ende des Buches gebündelt besprochen.

INHALTSÜBERSICHT

EINLEITUNG

Das Thema Medienbildung in der Schule wird aktuell von Vielen diskutiert. Viele Hoffnungen sind mit dem Thema verbunden, auch für die Kleinsten: Die Möglichkeit der gesellschaftlichen Teilhabe aller Menschen, Kreativitätsförderung, neue Lernformen, Kooperation und Selbstbestimmung.

Wenn es um Medienbildung mit einer jungen Zielgruppe geht, zeigen sich Bedenken und Ängste. Dies ist nachvollziehbar, denn bei diesem Thema lässt sich schnell der Überblick verlieren. Es kann helfen anzuerkennen, dass es nicht nur *die eine*, sondern eine Vielzahl an Möglichkeiten gibt, um Medienbildungspraxis zu gestalten. Dieses Buch soll einen Zugang zu möglichen Grundlagen der Medienbildung schaffen.

Medienbildung und Kompetenzen in der digitalen Welt

Die Kultusministerkonferenz (KMK) hat im Jahr 2016 mit dem Papier *„Bildung in der digitalen Welt“* eine verbindliche Strategie zur Medienbildung in der Schule vorgelegt. Die KMK definiert sechs Kompetenzbereiche, für die sich in der Grundschule Anknüpfungspunkte finden. Die Kompetenzen sind Teil eines jeden Faches, da jedes Fach andere Zugänge bietet. Sie fördern ein individuelles und selbstgesteuertes Lernen sowie eine selbstbestimmte Teilhabe an der digitalen Gesellschaft und damit der (digitalen) Lebenswelt der Kinder.

Ziel ist es, eine umfassende Medienbildung zu erreichen, die zur Mündigkeit befähigt. Um dieses Ziel zu erreichen, sollte Medienbildung schon in der Grundschule beginnen.

Die Hauptkapitel dieses Buches sind nach den Kompetenzbereichen gegliedert.

Gründe für eine frühe Medienbildung

Das frühzeitige Heranführen an Medien und eine kritisch reflektierte Auseinandersetzung mit Medien im Kindesalter sind notwendig. Kinder sind neugierig und experimentierfreudig. Sie nutzen Medien gerne. Das bedeutet jedoch nicht automatisch, dass sie diese in ihrer Komplexität durchdrungen haben und keine Fragen vorhanden sind.
Wie wir Erwachsenen müssen auch Kinder einen für sie angemessenen, guten Umgang mit Medien erlernen. Kinder sollen dabei nicht nur von Erwachsenen lernen, sondern auch eigene Erfahrungen mitbringen und machen. Deshalb sollte ihnen auch bei der Arbeit mit Medien zugehört werden.

Das Zusammenleben und die Arbeit der Menschen werden durch den Einsatz digitaler Medien dezentraler und komplexer. Eine neue Anpassungsfähigkeit an unbekannte Umgebungen, das Entwickeln der eigenen Kreativität sowie die Fähigkeit, sich mit Problemen auseinanderzusetzen und eigene Lösungen zu finden, werden zunehmend wichtiger. Demnach steht die Förderung eines selbstständigen und selbsttätigen, aber auch eines kooperativen Lernens in der Gruppe im Mittelpunkt. Das spiegelt sich auch in den Lernformen und Bildungsangeboten wider, in denen sich Kinder gegenseitig dabei unterstützen, selbsttätig Wissen zu erlangen und Lösungen zu finden.
Dabei muss allerdings eines klar sein: Bildungsangebote mit digitalen Medien sind nicht automatisch bessere Bildungsangebote. Sie sollten daher genau an den Stellen eingesetzt werden, an denen sie den Lernprozess hin zur Förderung von Kooperation und Kreativitätsentwicklung öffnen, verändern und verbessern, und an denen sie für die junge Zielgruppe schon relevant sind.

Mediennutzung von Kindern in Zahlen

Medieninhalte und Medien in Form von Geräten sind allgegenwärtig, und das auch schon im Leben von Kindern.
Vor allem digitale Medien werden immer öfter von immer mehr Menschen genutzt. Wir erschließen uns die eigene Lebenswelt mit Medien, gestalten sie zunehmend mit der Hilfe von digitalen Medien und nutzen diese auch zur Kommunikation. Grundschulkinder spielen gerne (digitale) Spiele. Sie bekommen ihre ersten eigenen Geräte, z. B. ein Smartphone oder Tablet, und nutzen diese auch zur Kommunikation mit Eltern und Freunden.

Auskunft über das Mediennutzungsverhalten von Kindern bietet zum Beispiel die KIM-Studie. Laut KIM-Studie 2018 (*Medienpädagogischer Forschungsverbund Südwest*) sind in weit über 90 % der Haushalte Handys oder Smartphones sowie ein Internetzugang vorhanden. In über 80 % gibt es Computer oder Laptops. Einige Kinder besitzen eigene Geräte, dies variiert von einem eigenen Kassettenrekorder bis hin zu einem eigenen multifunktionalen Smartphone mit Zugang zum Internet.
Wenn die Kinder ein Smartphone besitzen, nutzen die Sechs- bis Neunjährigen unter ihnen dies vor allem, um Nachrichten zu senden oder zu erhalten und um mit ihren Eltern zu telefonieren. Vereinzelt werden auch Spiele gespielt. Kinder spielen Spiele über alle möglichen Geräte. Über 30 % der Sechs- bis Siebenjährigen sowie über 50 % der Acht- bis Neunjährigen spielen digitale Spiele mindestens einmal in der Woche bis zu täglich. Mit den Spielen tauchen die Kinder gerne in andere, für sie faszinierende Welten ein.

Studienergebnisse wie diese zeigen, dass digitale Medien ein Teil der Lebenswelt von Grundschulkindern sind. Um die Kinder auf die Möglichkeiten digitaler Medien vorzubereiten und sie vor negativen Einflüssen zu schützen, sollten sie bereits im Grundschulalter eine grundlegende Medienbildung erfahren.

LINK ZU DER STUDIE:

KIM-Studie: *https://www.mpfs.de/studien/kim-studie/*

Mediale Lebenswelten von Kindern

Das Medium Buch spielt im Vorschul- und Grundschulalter eine sehr große Rolle. Kinder beginnen, erste eigene Leseerfahrungen zu machen. Bei den digitalen Medien sind vor allem Smartphones und Tablets gefragt. Von größtem Interesse sind hier Bewegtbilder und Spiele, die schon auf die Kleinsten eine fesselnde Faszination ausüben.
Aktivitäten, bei denen Kinder auf den Geräten tippen müssen, sind nicht besonders zugänglich für sie, da sie zu Hause zunehmend weniger mit Geräten in Berührung kommen, die Maus und Tastatur haben, und ihnen diese daher eher fremd sind. Entsprechend sind Ein- und Hinführungen notwendig.

Gerade weil Kinder überwiegend zu Hause die ersten Erfahrungen mit (digitalen) Medien machen, stehen die Eltern in der Verantwortung und nehmen eine entscheidende Rolle für die Mediennutzung und den Umgang mit Medien ein. Eltern haben eine Vorbildfunktion, derer sie sich nicht immer bewusst sind. Ihre Mediennutzung wird von den Kindern nachgeahmt. Daher ist es wichtig, Medien auch im Familienalltag zum Thema zu machen und darüber zu reden, sowohl über Regelungen und Begrenzungen der Nutzung als auch über die Inhalte. Die Begleitung der Eltern durch Gespräche und ein reflektiertes Verhalten ist Voraussetzung für einen guten Start der Kinder in die digitale Welt.

Die Gedanken dahinter

Das Verständnis von Medienbildung, welches diesem Leitfaden zugrunde liegt, begreift Medienbildung als Bildung in einer von Medien durchzogenen Welt. Medienbildung wird als eine für die Schule fächerübergreifende und prozesshafte Querschnittsaufgabe betrachtet.
Medienbildung reicht somit über die bloße kritische Auseinandersetzung zu Medien hinaus und umfasst vielmehr auch die informationstechnische Grundbildung, die (unterrichtliche) Medienerziehung bis hin zu allen bildungsrelevanten Aktivitäten in medialen Räumen (vgl. Tulodziecki, Herzig & Grafe, 2010). Kinder sollen sich aktiv mit den Chancen und Risiken (digitaler) Medien auseinandersetzen und können hierbei von Lehrkräften unterstützt werden.
Ziel ist es, Medien als Ausdrucks- und Kommunikationsmittel zu begreifen, um die eigenen Bedürfnisse und Anliegen zu formulieren und zu gestalten.

In einer postdigitalen Gesellschaft sind (digitale) Medien ganz selbstverständlich auch Teil der Grundschulbildung – welche die kritisch-reflexive Auseinandersetzung mit Medien selbst fördert und Kinder dabei unterstützt, (mediale) Handlungskompetenzen zu entwickeln.
Hierbei werden natürlich die individuellen Lebensrealitäten der Kinder berücksichtigt, in denen (mediale) Erfahrungen stattfinden, denn es gibt nicht nur *die eine* (digital-mediale) Lebenswelt. Somit muss auch das Lernen mit, durch oder über Medien individuell gestaltet werden, damit Medienbildung gelingen kann.

SUCHEN, VERARBEITEN UND AUFBEWAHREN

Der Kompetenzbereich **Suchen, Verarbeiten und Aufbewahren** beinhaltet drei Teilbereiche: **Suchen und Filtern, Auswerten und Bewerten** sowie **Speichern und Abrufen.**

Im Wesentlichen geht es darum, dass Heranwachsende zielgerichtet Suchstrategien in digitalen Umgebungen anwenden und Quellen sowie Informationen auswählen, analysieren und kritisch bewerten können.

Der Kompetenzbereich in der Grundschule

Der souveräne Umgang mit einer Vielzahl verschiedener Quellen, wie sie das Internet bietet, sollte bereits in der Grundschule angebahnt werden. Schon Grundschulkinder müssen z. B. für die Schule Informationen recherchieren und mit unterschiedlichen Quellen arbeiten. Suchmaschinen können hierbei die „Tore“ zum Internet sein. Deshalb ist es wichtig, dass Schülerinnen und Schüler deren Funktionsweisen verstehen und sie zielführend für sich nutzen können.
Es geht darum, dass die Kinder geeignete Suchstrategien verwenden und zielgerichtet nach Informationen recherchieren, z. B. mit der Hilfe von Online-Lexika oder Kindersuchmaschinen. Die Kinder wählen relevante Informationen aus den verschiedenen Angeboten aus, strukturieren sie und nutzen sie für ihre Zwecke. Dabei bewerten sie sowohl die Informationen, als auch deren Quellen. Die Kinder lernen verschiedene Arten von Informationen kennen, z. B. Nachrichten oder Werbung, und werden an die Absichten, die dahinter stehen, herangeführt. Außerdem sollen Grundschulkinder für sie unangemessene Medieninhalte erkennen können und an die Bewertung der Absichten, die hinter den Inhalten und deren Platzierung stehen, herangeführt werden. Auch sollen sie wissen, an wen sie sich wenden können, wenn sie unsicher sind.

Kinderlexika, Kindernachrichten, Internet-ABC

Das Finden und Filtern relevanter Informationen kann zunächst mit Kinder- und Grundschullexika oder kindgerechten Sachbüchern geübt werden. Zuerst wird ein Begriff gesucht. Dann werden die relevanten Informationen aus der Erläuterung herausgefiltert. Weiterführende Erklärungen können nachgeschlagen werden. Auch die gezielte Suche mittels Inhalts- bzw. Stichwortverzeichnis ist hilfreich.
Sollten Kinder noch nicht so gut lesen können, sind Bilderbücher mit Sachthemen ein guter Ausgangspunkt, Informationen zu einer Fragestellung zu finden.

Durch speziell für sie konzipierte Formate in TV und Internet erhalten Kinder einen altersgerechten Zugang zu Informationen, Wissen und tagesaktuellen Ereignissen. Die öffentlich-rechtlichen Anbieter *ZDF* und *SWR* stellen mit logo! und kindernetz.de kindgerecht aufbereitete Inhalte zur Verfügung. *logo!* läuft täglich im *KiKA*. Die Beiträge sind zudem über eine Website und per App verfügbar. Das Angebot *Kindernetz* des *SWR* ist eine Website mit Artikeln und Videobeiträgen zu aktuellen Nachrichten und Themen, die an kindliche Lebenswelten anknüpfen.
Die Kinder können sich die Angebote gemeinsam ansehen, um sich danach auszutauschen: *Was hat den Kindern daran gut gefallen? Warum? Wieso ist diese Sendung gut für Kinder geeignet?* So üben die Kinder gemeinsam, Angebote auf ihre Bedürfnisse hin zu reflektieren.
Wichtig: Auch redaktionell betreute Inhalte sollten vor dem Einsatz im Unterricht stets, zum Beispiel hinsichtlich der Lernziele, geprüft werden!
WEBLINK: *https://www.logo.de/, https://www.kindernetz.de*

Das Portal Internet-ABC bietet eine Vielzahl fertiger Lernmodule für Kinder ab der 3. Klasse, auch eines speziell zum Thema „Suchen und Finden im Internet“. Die Bausteine der Lernmodule können individuell angepasst werden und bieten neben Informationen auch Übungen für die Unterrichtspraxis. Sie können online und offline bearbeitet werden. Zusätzlich stehen Arbeitshefte, Arbeitsblätter und Kopiervorlagen zur Verfügung.

INFORMATIONEN FÜR LEHRKRÄFTE:
https://www.internet-abc.de
(Bereich für Lehrkräfte, Lernmodul „Suchen und Finden im Internet“)

Diverse Zugänge zu Informationen

Um sich gezielt im Internet zu informieren, ohne dabei nur einseitige Informationen zu erhalten, greift man am besten auf diverse Quellen zurück. So entgeht man dem Phänomen der Filterblase. Diese entsteht, wenn Suchmaschinen und Internetseiten den Nutzerinnen und Nutzern nur Informationen zuspielen, die sich an deren bisherigem Suchverhalten orientieren. Es wird nur noch ein Ausschnitt angezeigt, die Informationen werden sozusagen „ganz im Interesse des Nutzers" gesucht und gefunden. Möglicherweise wird so ein selbstbestimmtes Meinungsbild verhindert.

In der Grundschule sollte die Grundlage für einen souveränen Umgang mit Quellen geschaffen werden, indem Kindern bereits frühzeitig aufgezeigt wird, dass es nicht nur *die eine* Quelle oder nur *den einen* Zugang zu Informationen im Internet gibt, sondern ein vielfältiges Angebot existiert. Ziel ist es, dass sich die Kinder aktiv mit unterschiedlichen Informationsquellen auseinandersetzen, diese miteinander vergleichen und sich in der Bewertung der Quellen üben.

Ein ähnliches Problem ist das Phänomen Echokammer. Es bezieht sich auf den Bereich der Kommunikation in Sozialen Netzwerken. Menschen neigen hier dazu, sich nur mit Menschen zu umgeben, die ihnen z. B. in ihrer Meinung oder in ihren Interessen ähnlich sind. So stärken sie gegenseitig ihre Ansichten und die Bereitschaft sinkt, neue Perspektiven einzunehmen.

Kindern kann es helfen, wenn ihnen bereits frühzeitig aufgezeigt wird, dass Informationen, die sich beispielsweise in Foren oder Gruppenchats verbreiten, nicht sofort geglaubt werden sollten. Auch Kinder sollten sich durch eine gezielte Recherche in weiteren Quellen eine eigene Meinung zu Sachverhalten bilden.

Behauptet zum Beispiel ein Kind im Klassenchat, am nächsten Tag sei schulfrei, sollten die anderen Kinder die Quelle dieser Information hinterfragen:

- *Wie kann das Kind dies wissen?*
- *Über welchen Weg wird eine solche Information normalerweise gegeben?*

Eine Prüfung der Information mittels einer weiteren, nicht gleichartigen Quelle ist ratsam. Im Beispiel hilft eine verbindliche Quelle, also eine Lehrkraft, Aushänge und/oder der Internetauftritt der Schule.

(Kinder-)Suchmaschinen als Tore zum Internet

Bereits Grundschulkinder müssen Informationen recherchieren und sammeln, z. B. für Referate oder Projekte. Sie sollten daher früh erlernen, wie sie richtig suchen und dabei genau das finden, was sie benötigen. Haben sie gefunden, was sie benötigen, trennen sie Wichtiges von Unwichtigem.

Auch für Grundschulkinder bietet sich zur Informationssuche bereits das Internet an, allerdings ist entscheidend, in welchem Rahmen sie dieses nutzen. Gerade junge Internetnutzerinnen und -nutzer brauchen ein hohes Maß an Begleitung, die dann mit zunehmender Erfahrung reduziert werden kann.

Suchmaschinen sind die „Tore" zum Internet und im Idealfall zu Wissen. Das einfache „Googeln" hilft den Kindern nicht. Die Suchergebnisse sind überwiegend nicht für Kinder aufbereitet und verhindern u. a. aufgrund sprachlicher Barrieren die Informationsbeschaffung. Die Kinder kopieren die Inhalte, können sie aber nicht sinnvoll nutzen, da ihnen das Verständnis fehlt.

Kindersuchmaschinen sind eine kindgerechte Alternative. Sie können Räume im Internet sein, in denen Kinder sicher surfen können. Über Kindersuchmaschinen werden Angebote gefunden, die entweder speziell für Kinder aufbereitet wurden oder kindgerechten Prüfkriterien standhalten, das heißt, dem kindlichen Entwicklungsstand entsprechen und zudem keine kinder- oder jugendgefährdenden Inhalte enthalten. Kindgerecht sind Internetangebote unter anderem dann, wenn Kinder sich gut in ihnen zurechtfinden, dabei nicht mit (sehr viel) Werbung konfrontiert werden, und die Kinder die Inhalte verstehen und einordnen können.

Kindersuchmaschinen eignen sich besonders für junge Interneteinsteigerinnen und -einsteiger und sollten deshalb während der gesamten Grundschulzeit genutzt werden. Passende Suchmaschinen für Kinder können im Unterricht durch erste Rechercheaufgaben kennengelernt und ausprobiert werden. Die Themen der Recherchen sollten dabei für alle Kinder zugänglich sein und aus der Erfahrungswelt der Kinder kommen. Wenn den Kindern die benötigte Lesekompetenz noch fehlen sollte, können die Lehrkräfte gemeinsam mit den Kindern recherchieren und die Ergebnisse vorlesen.

Zu den beliebtesten Kindersuchmaschinen zählen *fragFINN* und *Blinde Kuh*.

Idealerweise probiert die Lehrkraft im Vorfeld die Suchmaschinen und die Suchbegriffe selbst aus, um einen Eindruck davon zu bekommen, was die Kinder bei der Recherche sehen werden.

Erfolgreiche Suchstrategien entwickeln

Auch eine Kindersuchmaschine sollte Kindern vor der ersten Nutzung erklärt werden, denn dies erleichtert das Erlernen des kompetenten Umgangs mit dieser Informationsquelle.
Hinter jeder Suchmaschine steckt eine „*Maschine*“, die allein über die Eingabe, genauer genommen sogar nur über Buchstaben- bzw. Zeichenmuster, die in das Suchfeld eingegeben werden, gesteuert werden kann.
Die Kinder sollen lernen, dass der Erfolg bei der Suche mit einer Suchmaschine von der Eingabe in das Suchfeld abhängig ist. Je konkreter und differenzierter die Suchanfrage gestellt wird (geeignete Suchbegriffe), desto erfolgreicher gestaltet sich die Suche.
Um einordnen zu können, was eine Suchmaschine ist, und um eigene Suchstrategien entwickeln und anwenden zu können, benötigen Kinder also konkrete Hilfestellungen.

Folgende Fragen können schon bei Grundschulkindern der Orientierung dienen:

1) *Was genau möchte ich finden? Worum geht es mir?*
2) *Was ist ein guter Suchbegriff dafür?*
3) *Nutze ich eine Suchmaschine oder kenne ich bereits ein gutes Angebot im Internet zu meinem Recherchethema?*
4) *Was habe ich gefunden? Was davon hilft mir?*
5) *Wenn ich nichts finde, was könnte der Grund dafür sein?*
   Habe ich den Suchbegriff richtig geschrieben? Brauche ich weitere Begriffe?
6) *Verstehe ich die Informationen wirklich?*

Wenn die Suchergebnisse bzw. die darin enthaltenen Informationen von den Kindern nicht verstanden werden, bieten sich verschiedene Möglichkeiten der weiteren Bearbeitung:
Eine weitere geeignete Suchmaschine wird hinzugezogen oder die Kinder schlagen in einem passenden Buch nach. Auch können sie den Austausch mit ihren Eltern, den Lehrkräften sowie Freundinnen und Freunden suchen.

fragFinn in der Schule: Für den gezielten Einsatz der Kindersuchmaschine *fragFINN* im Unterricht bietet sich die spezielle Startseite schule.fragfinn.de an. Neben der standardisierten Suche ist es hier möglich, in ausgewählten Online-Lexika Begriffe aus bestimmten Bereichen, z. B. „Natur“, „der menschliche Körper“ oder „Geschichte“ nachzuschlagen. Um schulische Themen zu vertiefen, gibt es zudem Links zu geeigneten Online-Spielen, Simulationen, naturwissenschaftlichen Experimenten, virtuellen Reisen und Knobelaufgaben.

Klexikon: Ein Wiki wie z. B. *Wikipedia* lebt von Schwarmwissen und einem konnektiven Austausch, also der Zusammenarbeit vieler Menschen, und ist für die schnelle Informationssuche sehr beliebt und geeignet. Eine Art *Wikipedia* für Kinder ist das *Klexikon*. Hier schreiben über 100 Autorinnen und Autoren Lexikoneinträge speziell für Kinder im Alter von acht bis zwölf Jahren.

Seitenstark: Das Netzwerk *Seitenstark* bündelt auf seitenstark.de ein Vielzahl Internetseiten, die speziell für Kinder gemacht sind. Hier gibt es Lern- und Mitmachangebote zu verschiedenen Themen: von Tieren und Menschen über Religionen und Naturwissenschaften bis hin zu Sport.
Texte, Videos, Audios, Spiele, eine Suchfunktion, Quiz-Spiele und Wettbewerbe sowie eine Kommentarfunktion bieten Kindern viele Möglichkeiten, Themen zu erforschen und sich einzubringen.

WICHTIGE ASPEKTE

- Damit Kinder lernen, sich gezielt zu informieren und sich dabei nicht auf nur eine Quelle zu verlassen oder nur einer Meinung zu vertrauen, sollten sie unterschiedliche Zugänge zu Informationen und Wissensressourcen kennenlernen und nutzen können. Dies gilt allgemein und nicht nur bezogen auf das Internet.
- Suchstrategien helfen dabei, gezielt Informationen zu finden.
- Kindersuchmaschinen sind eine gute Möglichkeit, das Internet zu entdecken, da über sie meistens geprüfte, für Kinder unbedenkliche Inhalte gefunden werden.
- Um Kinder bei der Entwicklung eigener Suchstrategien zu unterstützen, eignet sich das bereits genannte Lernmodul von *Internet-ABC*. Darüber hinaus können Sie als Lehrkraft weitere unterstützende Methoden für eine Suche aufzeigen. Beispielsweise kann zur Eingrenzung vorab eine Mindmap erstellt werden oder es können für die Suche ungeeignete und geeignete Begriffe aufgelistet werden.

Unterrichtsidee: Kennenlernen von Suchmaschinen

3 bis 4 Unterrichtsstunden ab Klassenstufe 2

LERNZIELE

Klasse 2: Die Kinder verstehen, wie eine Suchmaschine funktioniert, wie Suchergebnisse aussehen können und wie sie mit diesen umgehen sollten.
Klassen 3 u. 4: Die Kinder können Suchstrategien bei der Online-Recherche mit Kindersuchmaschinen anwenden.

VORBEREITUNG UND MATERIAL

Zugang zum Internet; PC oder Tablets für Gruppenarbeiten bzw. Laptop und Beamer / interaktives Whiteboard für die Arbeit im Plenum.
Internetseiten: fragfinn.de, blinde-kuh.de, klexikon.zum.de

INHALT MIT AUFGABENSTELLUNG

Aufgabenteil A:
Kennenlernen von Kindersuchmaschinen, Suchergebnissen und Quellenvielfalt (Klassen 2, 3 und 4)
Arbeitsauftrag: Sucht in verschiedenen Kindersuchmaschinen und vergleicht.

- Gebt als Suchbegriff in die Suchleiste bei *fragfinn.de* als Suchbegriff „Wal“ ein und klickt auf den „Suche“-Button.
  Was seht ihr jetzt? Was findet ihr? Gibt es Bilder und Text?
- Im nächsten Schritt gebt ihr denselben Suchbegriff bei *blinde-kuh.de* ein.
  Was findet ihr hier? Seht ihr dieselben Bilder? Unterscheidet sich das Suchergebnis von dem Suchergebnis bei *fragFINN*?

Aufgabenteil B:
Anwenden von Suchstrategien (Klassen 3 u. 4)
Arbeitsauftrag: Schreibe einen kurzen Text zum Thema „Wale“. Recherchiere dazu im Internet.

- Recherchiere bei *fragFINN* und/oder *Blinde Kuh* und *Klexikon*.
- Schreibe deinen ersten Suchbegriff in dein Heft. Hast du gefunden, wonach du gesucht hast? Probiere den Begriff in der Einzahl **und** in der Mehrzahl.

- Teste danach andere Suchbegriffe, die dir einfallen, z. B. „Walarten“, „Wal Lebensraum“, „Wal Ernährung“, „Wal Alter“, „Wal Sprache“.
  Schreibe alle Suchbegriffe, die du verwendest, in dein Heft und schreibe auch auf, ob dir die Suchbegriffe für das Schreiben deines Textes helfen.
- Lege für deine Suche eine kleine Tabelle mit zwei Spalten an. In die linke Spalte schreibst du den Begriff, mit dem du gesucht hast. In die rechte Spalte, schreibst du, was du gefunden hast. So weißt du später noch, welcher Begriff richtig gut funktioniert hat.
- Sammle die Informationen zu deinem Thema in deinem Heft.
  Wenn du genug Informationen hast, schreibe deinen Text.
- Falls du dir nicht sicher bist, ob deine Informationen ausreichen, bitte deine Lehrerin oder deinen Lehrer um Hilfe.

ABLAUF MIT METHODEN

Der **Aufgabenteil A** kann in Kleingruppen oder im Plenum bearbeitet werden. Die Lehrkraft sollte zu Beginn der Suche zeigen, wo und wie ein Suchbegriff eingegeben wird und wo sich der „Suche“-Button befindet. Die Kinder sollten ausreichend Zeit bekommen, sich mit der Umgebung vertraut zu machen, bevor die Fragen beantwortet werden.
Tipp 1: Die Ergebnisdarstellung bei *fragFINN* ähnelt der von Suchmaschinen für Erwachsene, bei *Blinde Kuh* sieht der Aufbau der Seite etwas anders aus. Die Kinder sollten sich die Suchergebnis-Liste erst in Ruhe anschauen, bevor Merkmale des Aufbaus der Liste herausgearbeitet werden.
Tipp 2: Mit Kindern, die noch nicht so gut lesen können, kann auf *fragFINN* eine Bildersuche durchgeführt werden, um die Funktionsweise der Suche kennenzulernen.

Im **Aufgabenteil B** sollten die Kinder in Kleingruppen mit Hilfe mindestens einer Kindersuchmaschine und im *Klexikon* recherchieren.
Vor der Nutzung des *Klexikon* sollte die Lehrkraft im Plenum besprechen, wie dort, in Abgrenzung zu einer Suchmaschine, recherchiert wird.
Am Ende wird im Plenum reflektiert, wie die Kinder mit den (beiden) Angeboten zurechtgekommen sind. Dazu sollen die Kinder die einzelnen Suchbegriffe und Texte vergleichen und auswerten.

HINWEISE ZUR BEARBEITUNG

fragFINN: Der grafische Aufbau der Suchmaschine gleicht dem einer „gewöhnlichen“ Suchmaschinen-Suche, mit der Unterteilung nach der Eingabe in eine Web- und in eine Bilder-Suche. Suchergebnisse in der Web-Suche haben einen Titel und eine kurze Beschreibung, bei der der Suchbegriff hervorgehoben ist.
Blinde Kuh: Die Suchergebnisse werden in Blöcken dargestellt, mit Alters- und Sprachangaben sowie einer thematischen Zuordnung.
Eine detaillierte Erklärung der Suchmaschine findet man im „Suchkurs“ unter *www.blinde-kuh.de/suchkurs/treffer*.
Klexikon: Dieses Angebot zeigt keine Internetseiten an, sondern einen Artikel mit Bildern zu einem Thema – wie ein Lexikoneintrag. Über die blau gesetzten Begriffe (Verlinkungen) gelangt man zu anderen Einträgen.

SUCHMASCHINEN FÜR ERWACHSENE

Eine Suchmaschine, die Kinder längst aus ihrem Alltag oder durch ihre Eltern kennen, ist *Google*. Es ist wahrscheinlich, dass schon jüngere Kinder mit *Google* im Internet suchen wollen. Ältere Kinder möchten möglicherweise nicht mehr mittels Kindersuchmaschinen suchen und nicht nur Inhalte für Kinder finden. Möglich ist auch, dass die Informationen, die die Kinder zu bestimmten Themenbereichen suchen, über das Angebot der Kindersuchmaschinen hinausgehen. Nichtsdestotrotz ist es wichtig, dass Kinder durch die Übungen mit Kindersuchmaschinen gut vorbereitet sind und die Funktionsweisen von Suchmaschinen für Erwachsene kennenlernen. Suchmaschinen, die Erwachsene nutzen, liefern überwiegend Ergebnisse, die nicht aufbereitet sind. Die Anzahl der Ergebnisse ist oft sehr hoch und untersetzt durch Anzeigen oder andere Ergebnisse mit kommerziellem Hintergrund.
Führt man Heranwachsende an Suchmaschinen für Erwachsene heran, ist es sinnvoll, ihnen zu zeigen, dass es nicht ausschließlich *Google* gibt, das zudem hinsichtlich des Datenschutzes kritisch betrachtet werden muss. Es gibt einige Suchmaschinen, die im Vergleich zu *Google* auf das Speichern und Auswerten von Suchverläufen verzichten. Beispiele sind hier zu finden:
duckduckgo.com, *startpage.com*, *metager.de* oder auch unter *searx.me*.

Quellenbewertung und Wahrheit im Internet

Mit zunehmender Komplexität der Aufgaben und der Themen geht es über die reine Recherche und Sammlung von Informationen hinaus auch vermehrt darum, Quellen zu bewerten. Im Zuge dessen ist es sinnvoll, mit Kindern die verschiedenen Absichten der Anbieter von Informationen zu thematisieren. Dazu gehören u. a. das Thema Werbung und Anzeigen im Internet und auch die Tatsache, dass Informationen nicht immer wahr sind. In dem Zusammenhang ist es wichtig, dass Kinder verstehen, dass Nachrichten und Informationen von Menschen gemacht werden und somit auch fehlerhaft sein können. Dies kann u. a. an unzureichender Recherche liegen oder daran, dass die Informationen manipuliert sind und bewusst in die Irre führen sollen (Stichwort *Fake News*).

Informationen im Papierordner speichern

Um den Kindern nachvollziehbar aufzuzeigen, wie das Speichern von Informationen ablaufen sollte, kann die Lehrkraft einen Papierordner anlegen und die Parallelen zu einem digitalen Ordner aufzeigen: Ein Ordner beinhaltet geordnet abgelegte Materialien (Dateien). Das Regal, in dem der Ordner steht, ist die Festplatte. Der Papierordner entspricht dem digitalen Ordner, die Register sind die Unterordner, die Blätter sind die einzelnen Dateien.
So fällt es vor allem den Jüngsten leichter, sich das System „Ordner- und Dateimanagement“ für die spätere (digitale) Praxis anzueignen. In Papierordnern, die in der Klasse ausgelegt werden, können die Kinder Unterlagen abheften.
Ältere Kinder können Informationen zusätzlich auf dem Computer im Ordnersystem der Klasse oder Schule ablegen und ihr Wissen anwenden.

WEITERFÜHRENDES IM INTERNET

- **Meldestellen für unangemessene Inhalte:**
  Kindermeldestelle: z. B. auf *fragFINN* die Funktion „Seite melden“ neben jedem Suchergebnis; für Erwachsene: *https://www.internet-beschwerdestelle.de*
- **https://www.klicksafe.de/suchmaschinen/**
  Hier gibt es umfangreiche Informationen zum Thema „Suchen und Recherchieren“, Materialien zum Thema „Suchmaschinen“, auch für den Unterricht.
- ***Fake News* in der Grundschule behandeln:** Unter *grundschulschnueffler.de* (Suchbegriff: Fake News Unterricht) gibt es konkrete Hinweise und Beispiele.

KOMMUNIZIEREN UND KOOPERIEREN

Der Kompetenzbereich **Kommunizieren und Kooperieren** beinhaltet fünf Teilbereiche: **Interagieren, Teilen, Zusammenarbeiten, Umgangsregeln kennen und einhalten** sowie **an der Gesellschaft teilhaben**.

Im Wesentlichen geht es darum, dass Heranwachsende die verschiedenen Kommunikationsmöglichkeiten zielgerichtet und situationsgerecht auswählen und geltenden Verhaltensregeln zufolge kommunizieren können.

Der Kompetenzbereich in der Grundschule

Kommunikation und das Erlernen, angemessen zu kommunizieren, sollte bei der (Medien-)Kompetenzbildung der Kinder besondere Aufmerksamkeit erhalten. Kommunikation mit und über Medien spielt dabei schon im Grundschulalter eine wichtige Rolle, die Kommunikation mit der Hilfe digitaler Medien wird zunehmend relevanter.

Es ist wichtig, dass Kinder unterschiedliche Kommunikationswege mit den jeweiligen Merkmalen kennen und die Unterschiede in der Form der Kommunikation sowie ihre Wirkungen benennen können. Kinder sollen den einer Situation angemessenen Weg der Kommunikation auswählen können.

Wichtig ist in diesem Zusammenhang auch, dass die Kinder Verhaltensregeln in der Interaktion mit anderen anwenden können. Sie sollen verstehen, wie Kommunikation funktioniert, durch was sie sich unterscheiden kann und worauf die Kinder demnach achten müssen, beispielsweise in Bezug auf persönliche, schriftliche, Online- oder öffentliche Kommunikation.

Grundschülerinnen und Grundschüler sollen zudem Werkzeuge zur Zusammenarbeit nutzen, mit anderen kooperativ arbeiten und Ergebnisse zu einem Produkt zusammenführen können. Damit werden das gemeinsame Lernen und das Mitteilen des eigenen Denkens gefördert.

Emojis, Knipsclub, Etherpad

Emoticons oder Emojis sind kleine Gesichter und Symbole, die in Textnachrichten zur visuellen Unterstützung verwendet werden.
Es gibt zahlreiche Emoticons, die die verschiedensten Gefühle abbilden oder Gegenstände bis hin zu Symbolen darstellen. Die Emoticons können von der Lehrkraft vorbereitet oder von den Kindern gebastelt oder gemalt werden.
In den Klassen 1 und 2 eignen sie sich, um Bildergeschichten zu erzählen oder um ihnen Gefühle zuzuordnen.
Ab Klasse 3 kann mit Emojis eine erste Sensibilität dafür angebahnt werden, wie diese eine Aussage und den Kontext verändern können.
FUNDSTELLE ZUR INSPIRATION: *https://emojipedia.org*

Der Knipsclub ist eine Fotocommunity im Internet für Kinder. Die Plattform bietet Kindern nicht nur die Möglichkeit, selbst kreativ zu sein, eigene Bilder hochzuladen und mit anderen zu teilen. Auch das Thema „Selbstdarstellung im Internet" wird auf diese Weise nähergebracht.
Im *Knipsclub* können Kinder viel über die Grundlagen der Fotografie und den rechtlichen Rahmen bezüglich der Erstellung und Nutzung von Fotos lernen. Der *Knipsclub* selbst legt großen Wert auf Datenschutz.
WEBLINK: *https://www.knipsclub.de/*

Kooperation mit digitalen Werkzeugen kann mit Hilfe von Etherpads bereits in der Grundschule (vorzugsweise ab Klasse 4) angebahnt und geübt werden. Etherpads sind Textdokumente im Internet, die gleichzeitig von mehreren Personen an verschiedenen Geräten bearbeitet werden können.
Die Lehrkraft legt für die praktische Arbeit das Etherpad an und gibt den Link an die Kinder weiter. Diese können dann einzeln oder in Kleingruppen an dem Dokument arbeiten, sich gegenseitig ergänzen und korrigieren.
Zur Arbeit mit Etherpads sind Geräte mit einem Internetzugang und vorzugsweise mit Tastatur für jedes Kind bzw. jede Gruppe nötig.
WEBLINK: *https://zumpad.zum.de/*
INSPIRATION ZUM NACHMACHEN:
https://www.grundschulschnueffler.de/ (Suche zu Etherpads)

Stellenwert der Kommunikation

Kommunizieren lernen spielt im Leben von Kindern eine maßgebliche Rolle. Kommunikation meint Interaktion mit anderen, sich ausdrücken zu können und ein Gefühl für Sprache sowie deren Wirkung in verschiedenen Situationen zu bekommen.

Digitale Umgebungen bringen neue Kommunikationswege mit eigenen Besonderheiten mit sich. Der gängige Brief wird schon lange von E-Mails oder Kurznachrichten über Messengerdienste ergänzt. Neue Formen der persönlichen Kommunikation bieten Videochat und Sprachnachrichten. Grundschulkinder sollten diese verschiedenen Wege nicht nur kennen, sondern deren Besonderheiten und Wirkungen in der Kommunikation auch unterscheiden können.

Wenn betrachtet wird, wie Kinder und Jugendliche digitale Medien nutzen, fällt auf, dass Chatten zu einer der Hauptaktivitäten gehört. Daher ist es wichtig, sie frühzeitig in der Kommunikation mit Hilfe digitaler Medien zu begleiten, um sie auf Grenzen, Möglichkeiten und Fallstricke hinzuweisen.

Verhaltensregeln

Digitale Kommunikation, vor allem zwischen einander Unbekannten, ist oft von Distanz, Anonymität und Schnelllebigkeit geprägt. Auch wenn die Kommunikationspartner bei Kindern in der Regel ihnen bekannte Personen sind, müssen auch Kinder erst lernen, wie eine angemessene Kommunikation auf dem gewählten Weg aussieht. Lehrkräfte sollten mit ihnen reden – darüber, was man wie kommunizieren möchte und was nicht. Wie Regeln für den Umgang in der Klassengemeinschaft sollten auch Verhaltensregeln für die Kommunikation durch digitale Medien angesprochen werden, sodass die Kinder auch hier einen sozial verantwortlichen Umgang mit anderen üben.

Gerade Grundschulkinder benötigen bei der Kommunikation im Internet oder per Messenger eine konkrete Unterstützung, da sie sich oft der Wirkung bzw. der Tragweite ihres Handelns und vor allem der „Offenheit“ z. B. des Internets nicht bewusst sind. Es geht hier nicht nur um den Inhalt von Textnachrichten und um deren Formulierung, sondern auch um Bild-, Video- und Audiodateien, die geteilt werden. Es muss klar sein, dass auch in diesem Bereich Beleidigungen und Gemeinheiten Konsequenzen haben können. Und das auch dann, wenn etwas „nur zum Spaß“ und/oder anonym verbreitet wird.

Cybermobbing geht alle an

In einem Chat verhält man sich manchmal bewusst oder unbewusst anders, schreibt etwas, das man sich vielleicht im Klassenraum nicht zu sagen getraut hätte, oder schreibt auf eine selbstbewusstere, möglicherweise verletzende Art. Wenn später Gruppen- oder Klassenchats hinzukommen, ergibt sich zusätzlich ein Gefühl der Gruppenzugehörigkeit.

Chats ermöglichen, dass die Kommunikation der Kinder untereinander nach Unterrichtsende weitergeht. Über die digitalen Medien stehen die Kinder nahezu ständig mit anderen Kindern in Kontakt. Und so passiert es, dass Probleme bzw. Konflikte einzelner in (Klein-)Gruppen in Chats fortgeführt und möglicherweise verstärkt werden.

Grundschulkinder müssen den Umgang miteinander lernen. Das gilt auch für das Miteinander im digitalen Bereich. In dieser Altersstufe geht es dabei um die Auseinandersetzung mit unterschiedlichen Wahrnehmungen von Geschriebenem und um Auswirkungen auf den Einzelnen.

Die Kinder sollten in einem nächsten Schritt bezüglich möglicher Belästigungen mit Hilfe digitaler Medien (Cybermobbing) sensibilisiert und mit Hilfsangeboten vertraut gemacht werden.

Neue Formen des gemeinsamen Lernens: Kooperation und Kollaboration

Kinder profitieren davon, mit anderen Kindern gemeinsam und von anderen Kindern zu lernen. Digitale Medien besitzen das Potenzial für eine neue Art des gemeinsamen Lernens. Sie bieten viele verschiedene Wege zur Kooperation.

Mit Hilfe digitaler Medien ist jedoch nicht nur das Zusammensetzen einzelner Arbeitsergebnisse zu einem gemeinsamen Produkt (Kooperation), sondern sogar Kollaboration möglich. Kollaboration meint hier das von Beginn an gemeinsame Erstellen und (zeitgleiche) Bearbeiten eines Produktes in einer Gruppe. Unterschiedlichste digitale Werkzeuge ermöglichen diese Formen der Zusammenarbeit. Einige sollen im Folgenden kurz vorgestellt werden.

Um Internetseiten mit Hilfe ihrer Adressen zu teilen, sie damit also an Dritte weiterzugeben und diesen so die Inhalte zur Verfügung zu stellen, eignen sich QR-Codes, die mit dem Smartphone oder Tablet gescannt werden können und direkt auf die jeweilige Seite führen.

Anbieter wie *QRCode Monkey* schaffen die Möglichkeit, selbst QR-Codes zu erstellen. *kurzelinks.de* und *bitly.com* sind Seiten, über die lange Internetadressen gekürzt dargestellt werden können. Das Abschreiben dieser Links zum Beispiel von der Tafel wird erleichtert, Fehler beim Abschreiben werden minimiert.

Um digitale Mindmaps an interaktiven Tafeln oder Tablets zu erstellen, kann das Tool *Popplet* genutzt werden, das auch für jüngere Kinder geeignet, einfach zu bedienen und ansprechend gestaltet ist.
Eine Alternative dazu liefert ein deutscher Anbieter mit *Mindmeister*, das etwas umfangreichere Anwendungen bereitstellt.

Für den leichten Einstieg in das Thema „Digitale Pinnwände" eignet sich die Seite *scrumblr.ca*. Ohne Registrierung kann eine eigene Pinnwand erstellt und per Link weitergegeben werden.
Umfangreicher und bei regelmäßiger Nutzung kostenpflichtig ist *Padlet*.

Wie bereits oben angesprochen: Etherpads als onlinebasierte Textverarbeitungsprogramme ermöglichen das synchrone, kollaborative Arbeiten an einem Dokument. Die Kinder bearbeiten ein gemeinsames Dokument zeitgleich an mehreren Geräten und können sich so gegenseitig ergänzen und korrigieren.

WICHTIGE ASPEKTE

- Grundschulkindern ist oft nicht klar, wie öffentlich das Internet ist, wer dort (mit-) lesen kann, und dass auch bei einer so schnelllebigen Kommunikation wie im Internet die Inhalte trotzdem lange verfügbar bleiben. Daher ist es wichtig, ihnen eine Vorstellung davon zu geben und sie gerade für die Besonderheiten dieses (für sie neuen) Kommunikationsweges zu sensibilisieren.
- *WhatsApp* z. B. ist ab 16 Jahren. Trotzdem kann man nicht davon ausgehen, dass Kinder es deswegen nicht nutzen. Sprechen Sie dieses Thema in der Klasse an und sensibilisieren Sie vor allem die Eltern im Hinblick auf die Nutzung solcher Dienste und auf ihre Rolle.
- Kommunikationsregeln sollten nicht nur besprochen, sondern schriftlich festgehalten und visualisiert werden. Ein Klassenvertrag macht sie noch verbindlicher. Im Angebot *Internet-ABC* gibt es unter dem Stichwort *„Netiquette 4.0"* viele Anregungen zu Verhaltensregeln.

Unterrichtsidee: Auf verschiedenen Wegen kommunizieren

2 bis 3 Unterrichtsstunden   Klassenstufen 3 und 4

LERNZIELE

Die Kinder kennen verschiedene Wege der Kommunikation und deren Merkmale und können diese miteinander vergleichen. Sie haben ein Bild davon, wie sich private und öffentliche Kommunikation unterscheidet.

VORBEREITUNG / MATERIAL

Tagebuch (Notizbuch), Brief/E-Mail (Briefpapier mit Umschlag, Vorlage für E-Mail), Postkarte, Chat (Vorlage für Chatverlauf mit leeren Kästen), Plakat, Papier für die Erstellung eines Drehbuches zu einem kurzen Video

INHALT MIT AUFGABENSTELLUNG

Unterschiedliche Arbeitsaufträge für jede Kleingruppe zum Thema „Ferien“, beispielsweise:

- Schreibt einen Tagebucheintrag zu einem Tag in den letzten Ferien.
- Stellt euch vor, ihr habt eine Brieffreundin/einen Brieffreund, und ihr schreibt ihr/ihm (in einem Brief oder einer E-Mail) über eure letzten Ferien.
- Unterhaltet euch mit einer Freundin/einem Freund über eure letzten Ferien.
- Schreibt einen Text für eine Postkarte, die ihr einer Freundin/einem Freund aus den Ferien schicken möchtet.
- Denkt euch einen Chatverlauf mit einer Freundin/einem Freund über eure Ferien aus.
- Gestaltet ein Plakat für eure Schule über eure letzten Ferien.
- Beschreibt, was in einem YouTube-Video direkt aus euren Ferien unbedingt vorkommen muss.

ABLAUF MIT METHODEN

Die Kinder arbeiten in Kleingruppen zu jeweils einem Arbeitsauftrag.
Sie bekommen die Aufgabe, sich an Leitfragen zu orientieren (siehe dazu die folgende Seite). Dabei müssen nicht alle von allen Gruppen beantwortet werden. Jede Gruppe soll auswählen, welche für ihren Arbeitsauftrag passend und notwendig sind. Die Leitfragen dienen als Unterstützung dafür, später Merkmale herauszuarbeiten.

Nach der Gruppenphase folgt die Präsentation der Ergebnisse.
Im Anschluss werden Merkmale zu jeder Art der Kommunikation an der Tafel gesammelt und visualisiert, sodass eine Übersicht entsteht. Abschließend werden im Plenum Gemeinsamkeiten und Unterschiede zusammengetragen.

HINWEISE ZUR BEARBEITUNG

Vorab sollte unbedingt geklärt werden, welche Medien und Kommunikationswege den Kindern bekannt sind. Gegebenenfalls muss zuerst eine Einführung gegeben werden.

Die oben angesprochenen Leitfragen können sein:

- *Was mochte ich an diesen Ferien besonders?*
- *Mit wem bin ich in die Ferien gefahren bzw. mit wem habe ich sie verbracht?*
- *Wo habe ich meine Ferien verbracht?*
- *Ist etwas Lustiges oder Außergewöhnliches passiert?*

Am Ende sollen verschiedene Kommunikationswege nebeneinander stehen, deren jeweilige Merkmale erarbeitet und Unterschiede und Gemeinsamkeiten deutlich werden.
Als Merkmale der Kommunikationswege können genannt werden:

- Tagebuch: sehr persönlich/intim, mit Geheimnissen, unbegrenzter Platz, hat selten einen (erdachten) Empfänger, nur für sich selbst gedacht
- Brief/E-Mail: persönlich, beide Formen haben (mindestens) einen Empfänger, sind nur für den Empfänger gedacht; wesentlicher Unterschied ist die Geschwindigkeit beim Versand
- persönliches Gespräch: Medium, bei dem auch Betonung, Mimik und Gestik ohne Einschränkungen wahrgenommen werden können
- Postkarte: „öffentlich“, hat Absender und Empfänger, sehr begrenztes Platzangebot, könnte von Dritten gelesen werden
- Chat: persönlich, (eher) geschlossen, hat Absender und mindestens einen Empfänger, kurze Nachrichten, ständig verfügbar
- Plakat: öffentlich, hat eine Vielzahl von Empfängern, begrenztes Platzangebot
- YouTube-Video: sehr öffentlich (hier ist bewusst eine Plattform gewählt), Bilder statt Text, man selbst sowie die Umgebung ist für alle zu sehen, das Video ist ständig verfügbar.

WhatsApp und seine Alternativen

Spätestens bei 10- bis 12-Jährigen verstärkt sich das Interesse an der Kommunikation mit vielen Gleichaltrigen. Daher werden digitale Dienste interessanter, es entstehen Gruppen- und Klassenchats. Um die Kinder auf diese gut vorzubereiten und Cybermobbing entgegenzuwirken, ist es wichtig, sich gemeinsam auf Umgangsregeln zu verständigen.

WhatsApp ist die beliebteste und am häufigsten genutzte Anwendung auf dem Smartphone. Hilfestellungen zu *WhatsApp* gibt u. a. das Angebot *Internet-ABC*. Die eigentlichen Nachrichten sind bei diesem Messenger verschlüsselt. Andere Daten werden bei der Nutzung des Dienstes weitergegeben bzw. gespeichert. Die Handhabung ist einfach, der Dienst ist kostenfrei und sehr viele Menschen nutzen ihn. Aber auch bei all diesen vermeintlichen Vorzügen lohnt es sich, die Geschäftsbedingungen zu lesen und den Dienst kritisch zu prüfen. Möglicherweise können, wenn denn ein Klassenchat eingerichtet werden soll, auch Alternativen geprüft werden.

Solche Alternativen können sein:

- Signal — *Verschlüsselung der Nachrichten, Anonymisierung der Kontaktdaten, kostenfrei*
- Threema — *Verschlüsselung der Nachrichten, keine Telefonnummernangabe, kostenpflichtig*
- Wire — *Verschlüsselung der Nachrichten, keine Datenverknüpfung zu Beziehungsnetzwerken, kostenfrei*

WEITERFÜHRENDES IM INTERNET

- **klicksafe.de/themen/kommunizieren:**
  Materialien zum Thema „Kommunizieren“, auch für den Unterricht
- **mobilsicher.de:**
  Informationsseite rund um Smartphone und Tablet, mit umfangreicher Übersicht zu Messengern wie *WhatsApp* und Co.
- **handysektor.de:**
  Infoseite für ältere Kinder und Jugendliche zum Thema „Smartphone“, enthält eine sogenannte *„Pädagogenecke“*

PRODUZIEREN UND PRÄSENTIEREN

Der Kompetenzbereich **Produzieren und Präsentieren** beinhaltet drei Teilbereiche: **Entwickeln und Produzieren**, **Weiterverarbeiten und Integrieren** sowie **rechtliche Vorgaben beachten**.

Im Wesentlichen geht es darum, dass Kinder ein eigenes Produkt planen und in verschiedenen Formaten mit verschiedenen (digitalen) Werkzeugen umsetzen, gestalten, präsentieren, veröffentlichen oder teilen können. Ebenso können sie vorhandene Produkte und Inhalte in unterschiedlichen Formaten bearbeiten und weiterverarbeiten. Dabei kennen sie rechtliche Vorgaben wie das Urheberrecht, respektieren geistiges Eigentum sowie Persönlichkeitsrechte und beachten geltende Lizenzen.

Der Kompetenzbereich in der Grundschule

Das Wissen und die Fähigkeiten von Grundschulkindern reichen häufig bereits aus, um erste niedrigschwellige digitale Produkte zu erstellen, wie z. B. digitale Collagen, einfache Hörspiele und Klangbilder oder kurze Videos, da sie dabei ihre „analogen“ Vorkenntnisse, z. B. zur Gestaltung eines Plakates, nutzen können. Die Kinder empfinden schon bei der Erstellung meist große Freude, weil die Ergebnisse sofort sicht- und/oder hörbar, etwas Eigenes und nicht (schul-) alltäglich sind. Gerade deswegen ist das Produzieren und Präsentieren eine beliebte Variante für die Arbeit an einem Inhalt.

Grundschülerinnen und Grundschüler kennen für die Erarbeitung von Medienprodukten verschiedene Gestaltungsmittel und deren Wirkung, und sie nutzen diese bewusst, um ein Produkt einer Aufgabe entsprechend zu gestalten.

Sie können ihre Produkte einem Publikum präsentieren und beachten dabei grundlegende Präsentationstechniken. In Bezug auf rechtliche Rahmen berücksichtigen sie die Dokumentation der Quellen sowie Vorgaben zur Verwendung von Abbildungen, Videos, Musik und Texten.

Auditorix, Stop-Motion-Studio, Comic-Life

Auditorix ist ein Projekt zur Hörbildung bei Kindern. Auf den Internetseiten des Projektes stehen viele verschiedene Materialien zu Themen wie „Hören und Zuhören“, „Geschichten erfinden“, „Stimme und Sprechen“ oder „Medien und Technik“ zur Verfügung. Kinder ab fünf Jahren können hier Hörspiele kennenlernen und werden angeregt, selbst produktiv zu werden. Es gibt Tipps für musikalische Vertonungen und das Erzeugen von Geräuschen.
Außerdem lernen Kinder Aufnahmetechniken, Mischen und Schneiden. Geräusche und Musik werden als kostenfreie Downloads bereitgestellt.
WEBLINK: *www.auditorix.de*

Mit der App Stop Motion Studio lassen sich ganz leicht einfache Trickfilme erstellen. Die App ist in der Grundversion kostenlos für Smartphone und Tablet verfügbar und intuitiv zu bedienen. Es lassen sich schnell Ergebnisse erzielen. Es bietet sich an, im Vorfeld mit den Kindern oder in Kleingruppenarbeit eine Geschichte zu erfinden und dazu ein Storyboard zu erstellen, das als Basis für die Erstellung eines Films genutzt wird. Mit der App werden einzelne Bilder gemacht, die nacheinander abgespielt werden, sodass ein Film entsteht.
Die Figuren, die Hintergründe und andere Elemente der Filme können gut von den Kindern selbst gebastelt werden, z. B. mit Knete.
APP: *Stop Motion Studio*

Comics oder Bildergeschichten lassen sich leicht mit Comic Life erstellen.
Die Software ist kostenpflichtig für den Computer sowie als App für *iPhone* und *iPad* verfügbar. Eine Alternative zu *Comic Life* für *Android*-Geräte ist Comic Strip it!. Gemalte Bilder oder Fotos können hier in eine Vorlage gezogen und dann mit Texten und Sprechblasen versehen werden. So lassen sich z. B. auch bebilderte Anleitungen für Spiele o. Ä. erstellen.
Das Erzählen von Geschichten kann gut in den Unterricht integriert werden, indem thematisch an die Unterrichtsinhalte angeknüpft wird. Lesen die Kinder z. B. gerade eine Erzählung, kann die Geschichte auch als Trickfilm oder Comic (nach)erzählt werden. Auch möglich ist, dass die Kinder sich eine eigene Geschichte zu einem Unterrichtsthema ausdenken und zu dieser ein Medienprodukt in der Form eines Comics erstellen.
APP: *Comic Life* (PC, iOS) sowie *Comic Strip it!* (Android)

Gestaltung statt Rezeption

Im Rahmen der Medienpädagogik stehen nicht Medien an sich und deren bloße Rezeption im Mittelpunkt. Vielmehr geht es um die Kinder und Jugendlichen und darum, wie sie Medien für sich nutzen (können). Bei dem Ansatz der handlungsorientierten Medienpädagogik steht im Fokus, dass Kinder – orientiert an ihrer Lebenswelt und an ihren Interessen – lernen, Medien als Ausdrucksmittel für ihre Sichtweisen und Interessen zu begreifen. Im Fokus steht dabei stets, dass Kinder und Jugendliche weit mehr sind als Konsumentinnen und Konsumenten. Vor allem können sie mehr als nur bereits bestehende, von anderen produzierte Inhalte aufnehmen. Sie erstellen eigene Medienprodukte.
Das Selbermachen fördert ein tieferes Verständnis von Prozessen, Motiven und Absichten. Die eigene Produktion gewährleistet, dass Kinder verstehen, dass Medien von Menschen gemacht werden (reflexive Ebene), und dass sie erkennen, dass sie selbst in der Lage sind, Inhalte zu erstellen und ihnen dafür diverse mediale Werkzeuge und Ausdrucksformen zur Verfügung stehen (produktive Ebene). Darüber hinaus begreifen die Kinder so, dass sie die (digitale) Welt und unsere Gesellschaft aktiv mitgestalten können (Ebene der Partizipation).

Von visuell über auditiv zu audiovisuell

Um kompetentes Handeln zu erlangen, kann die Komplexität bei der Produktion eigener medialer Inhalte gesteigert werden. Somit können die Kinder erlernen, wie sich einzelne Darstellungsformen und Ausdrucksmittel sinnvoll miteinander verbinden lassen. Schon die ganz Kleinen können sich am Produzieren von Medieninhalten üben, denn für viele Aktivitäten wird bei angemessener Begleitung noch keine Lesekompetenz benötigt.
Für erste Präsentationen eignen sich z. B. Fotos bzw. Fotocollagen, zu denen die Kinder erzählen. Hier kann mit der Methode des *Storytellings* (Geschichten erzählen) in Form von Bildergeschichten bereits geübt werden, wie sich Inhalte visuell am besten darstellen lassen. Denn auch eine klassische Präsentation in der Schule lebt nicht vom Text auf den Folien, sondern von dem Wissen, das eine Schülerin oder ein Schüler begleitet durch Visualisierungen vermittelt.
Kinder sollten schrittweise an die komplexe Medienwelt herangeführt werden.
Für Kinder in den Klassen 1 und 2 stellen auch auditive Medien eine interessante und angemessene Herangehensweise dar, weil die Kinder Hörspiele u. Ä. schon aus ihrem Alltag kennen. Hier kann sehr konkret an die Lebenswelt der Kinder

angeknüpft werden. Hörspiele und Geschichten können zur Wissensaneignung genutzt werden. Mit mit pädagogischer Begleitung können erste kleine Klangbilder oder ein kurzes Hörspiel produziert werden.
Ab der Klassenstufe 3 wird die Komplexität gesteigert, indem auditive und visuelle Ebenen miteinander verbunden werden. Erste eigene Videoclips zu einem Thema oder ein Legetrickfilm eignen sich hierfür hervorragend. Mit dieser spielerischen und lebensweltnahen Herangehensweise gestaltet sich der Zugang zum Themenkomplex niedrigschwellig.

Mit Medien selbst aktiv und kreativ werden

Das Produzieren und Präsentieren von Medieninhalten findet sich auch in der Methode der aktiven Medienarbeit als Kernbereich der Medienpädagogik wieder. Medien sind hier nicht nur Mittel für Information und Kommunikation, sondern Werkzeuge, mit denen aktiv und kreativ gearbeitet werden kann.
Neben der eigentlichen Produktion von Inhalten können vor allem ältere Kinder in die Post-Produktion eingebunden werden. Für das Schneiden und Nachbearbeiten sind aber umfangreichere Kenntnisse nötig.
Das eigene Gestalten von Medien und digitalen Technologien fördert die Kritikfähigkeit und Kreativität sowie das interdisziplinäre Lernen der Kinder und ermöglicht Selbstwirksamkeitserfahrungen, indem Kinder durch das aktive Tun verinnerlichen, wie Dinge funktionieren und wie sie gestaltet werden können. Im Abschnitt „Problemlösen und Handeln“ wird dieses Thema unter dem Begriff *Making* und mit Fokus auf das eigene „Machen mit Medien“ aufgegriffen.

WICHTIGE ASPEKTE

- Kinder sollen erkennen, dass Medieninhalte von Menschen gemacht sind und auch sie selbst Medieninhalte produzieren können.
- Die Komplexität der Medieninhalte und der Medienproduktion sollte schrittweise gesteigert werden – von visuell über auditiv bis audiovisuell.
  Lassen Sie die Kinder selbst entscheiden, wie sie sich ausdrücken und mitteilen möchten, ob über einen Comic, eine Bildcollage, eine Audioaufnahme, ein Plakat oder einen Trickfilm. Denn allein die Wahl sagt schon etwas aus und kann reflektiert werden. So geben Sie den Kindern selbst die Möglichkeit zu merken, dass ein anderes Medium eventuell geeigneter gewesen wäre.

Unterrichtsidee: Das Foto als Ausdrucksmöglichkeit

2 bis 3 Unterrichtsstunden Klassenstufen 1 und 2

LERNZIELE

Die Kinder begreifen das Medium Foto als Ausdrucks- und Präsentationsmöglichkeit. Sie sammeln Erfahrungen beim Produzieren eigener medialer Inhalte.

VORBEREITUNG / MATERIAL

Digitalkamera oder Smartphone, gegebenenfalls Datenkabel für Digitalkamera oder USB-Stick für die Übertragung auf ein Whiteboard oder per Beamer

INHALT MIT AUFGABENSTELLUNG

„Mache mit einer Digitalkamera oder mit dem Smartphone deiner Eltern fünf Fotos deines Lieblingsortes. Fotografiere den Ort aus der Nähe, aus der Ferne, im Stehen und im Liegen. Halte mit einem Foto auch ein Detail des Ortes fest."
Die Lehrkraft gibt je nach Vorgabe der Schule an, ob Ausdrucke der Fotos oder Dateien auf einem USB-Stick mit in die Schule gebracht werden sollen.
Im Unterricht werden zur Vorbereitung auf eine Präsentation folgende Fragen an jedes der Kinder gerichtet:

Schau dir deine Fotos an und überlege:

- *Warum magst du genau diesen Ort und was magst du daran besonders?*
- *Wie lange ist das schon ein Lieblingsort von dir?*
- *Welche Unterschiede zeigen sich in den verschiedenen Fotos des Ortes?*

ABLAUF MIT METHODEN

Die Lehrkraft gibt in einer Stunde eine kurze Einführung zum Vorhaben und fragt bereits ab, wer welchen Lieblingsort hat. Danach teilt sie den Kindern den Arbeitsauftrag mit bzw. gibt eine Mitteilung an die Eltern mit.
Zum vereinbarten Termin bringen die Kinder Ausdrucke oder Datenträger mit. Gegebenenfalls kann die Lehrkraft die Fotos dann vorab sichten und ordnen.
In der nächsten Stunde können die Kinder, nachdem sie sich zu den oben genannten Fragen Gedanken gemacht haben, ihre Bilder präsentieren und über ihren Lieblingsort berichten.
Dabei können anschließend an die Präsentation die Bilder bewertet werden.

Mögliche Leitfragen zur Bewertung sind:

- *Welches Bild eignet sich gut für eine Präsentation, welches eher nicht?* (mit Begründung)
- *Was sollte man beim Fotografieren beachten?*

Als Abschluss kann ein gemeinsames Plakat als Fotocollage erstellt werden, welche auch die erarbeiteten Kriterien exemplarisch zusammenfasst.

HINWEISE ZUR BEARBEITUNG

Auf *knipsclub.de* (Fotocommunity für Kinder) finden Lehrkräfte unter „Alles über Fotografie“ die „10 Goldenen Regeln“, die sie nutzen können, um eine kurze Einführung zum Thema Fotografie zu gestalten.
Falls es den Kindern nicht möglich sein sollte, Fotos zu machen, können alternativ Bilder vom Lieblingsort gezeichnet werden – denn es geht nicht nur um die Produktion von Fotos, sondern um die Produktion und Präsentation von medialen Inhalten im Allgemeinen.
In den Klassenstufen 3 bis 6 kann diese Aufgabe in der Komplexität gesteigert werden, indem der Arbeitsauftrag nicht das Erstellen von Fotos, sondern das Erstellen eines Trickfilms oder Comis umfasst.
Werkzeuge dafür können die Apps *Stop-Motion-Studio* oder *Comic Life* sein.

WEITERFÜHRENDES IM INTERNET

- Der *Medienpädagogik-Praxisblog* bietet eine Sammlung medienpädagogischer Projekte, Werkzeuge usw. Wöchentlich werden neue Anregungen, Inspirationen und Materialien veröffentlicht. Unter „Praxis-Projekte" finden sich Projektbeschreibungen, „Kostenlose Software“ stellt Programme und Spiele vor und „Kostenloser Content“ zeigt freie Musik und Bilder.
  medienpaedagogik-praxis.de
- Das *Medienkompetenzportal NRW* ist eine Plattform rund um das Thema „Medienkompetenz“, auf der Medienpädagoginnen und -pädagogen viele Praxistipps geben, wie z. B. in der Rubrik „Tipps und Tricks“ Vorlagen für die Filmarbeit.
  medienkompetenzportal-nrw.de
- Werden externe Fachkräfte für die Unterstützung bei Angeboten und Projekten gesucht, hilft z. B. die *Gesellschaft für Medienpädagogik und Kommunikationskultur (GMK)* bei der Vermittlung.
  gmk-net.de

SCHÜTZEN UND SICHER AGIEREN

Der Kompetenzbereich Schützen und sicher Agieren beinhaltet vier Teilbereiche: **Sicher in digitalen Umgebungen agieren**, **persönliche Daten und Privatsphäre schützen**, **Gesundheit schützen** sowie **Natur und Umwelt schützen**.

Im Wesentlichen geht es darum, dass Heranwachsende sich der Herausforderungen in digitalen Umgebungen bewusst sind und Strategien zum Schutz anwenden. Außerdem schützen sie ihre Privatsphäre und ihre Daten, z. B. gegen Missbrauch, indem sie Sicherheitseinstellungen aktualisieren und Jugend- und Verbraucherschutzmaßnahmen berücksichtigen. Schließlich geht es auch darum, dass Heranwachsende sich der Auswirkungen von digitalen Technologien auf die Gesundheit und die Umwelt bewusst sind und dementsprechend verantwortungsbewusst handeln.

Der Kompetenzbereich in der Grundschule

Im Grundschulalter sollte eine erste Sensibilisierung dazu stattfinden, was persönliche Daten sind und welche Rolle die eigene Privatsphäre spielt.
In dem Zusammenhang sollten Grundschulkinder erkennen, wo Gefahren im Internet lauern können und sie sollten wissen, wie sie sich davor schützen. Für einen kompetenten Umgang mit Daten sollten Grundschulkinder die Grundlagen des Datenschutzes kennen und erlernen, verantwortungsvoll mit ihren persönlichen, aber auch mit fremden Daten umzugehen.
Zu einem sicheren Umgang mit dem Internet gehört auch die Selbstreflexion. Deswegen sollte mit den Grundschulkindern geübt werden, in der Auseinandersetzung mit dem eigenen Mediennutzungsverhalten die Wirkungen und Folgen ihres Medienhandelns, auch für ihre Gesundheit und die Umwelt, zu reflektieren. Die Kinder sollen im Sinne einer „sinnvollen und geeigneten" Mediennutzung eigene Regeln aufstellen können. Dafür lernen sie z. B. Strategien der Selbstregulierung oder Ressourcenschonung.

Internet-ABC, Erklärvideos, Mediennutzungsvertrag

Das Projekt Internet-ABC bietet für Grundschulkinder ab den 3. Klassen zwei interaktive Lernmodule zu zwei Schwerpunkten dieses Kompetenzbereiches. Im Lernmodul „Lügner und Betrüger im Internet" wird thematisiert, dass sich nicht nur „nette" Menschen im Internet bewegen und dass nicht alles geglaubt werden sollte, was im Internet zu finden ist.
Im Lernmodul „Datenschutz – das bleibt privat" wird das Thema „Daten", und hier speziell, wo sie herkommen und wie man richtig mit ihnen umgeht, angesprochen.
WEBLINK: *https://www.internet-abc.de*

Das komplexe und abstrakte Thema „Daten" kann für Grundschulkinder gut mit Hilfe von Erklärvideos besprochen werden. *Seitenstark* und *fragFINN* stellen dafür kindgerechte Videos zur Verfügung, die „Daten" anhand von Geschichten erklären.
Auch *kinder.sicher.online* bietet Videos für Kinder ab der 2. Klasse an, verbunden mit Unterrichtsmaterial und -ideen zur Verwendung.
WEBLINKS:
https://www.seitenstark.de/ (Video „Charlie und das Geheimnis der Daten")
https://www.fragfinn.de/fragfinn-serie-digitale-spuren;
https://www.klick-tipps.net/multiplikatoren/kinder-sicher-online
(Lektion 5 „Reden über Medienerfahrungen", Themenfelder „Werbung", „Daten schützen", „Sicher spielen")

Damit Mediennutzung zu Hause kein Streitthema wird, bietet es sich an, gemeinsam einen Mediennutzungsvertrag aufzusetzen, der für alle Regeln im Umgang mit digitalen Medien festlegt. Solch ein Mediennutzungsvertrag kann ganz einfach online gestaltet werden, mit vorgeschlagenen, individuell anpassbaren Texten und zum Ausdrucken und Unterzeichnen.
Wenn Medien in der Schule verwendet werden, ist es sinnvoll, auch hierfür einen Vertrag festzulegen, damit jeder weiß, welche Regeln es gibt.
FUNDSTELLE ZUM GESTALTEN:
https://www.mediennutzungsvertrag.de/

Austausch zu Mediennutzungszeiten und Inhalten

Damit die Kinder einen reflexiven Umgang mit digitalen Medien erlernen, sind Regeln und Absprachen sowie Momente der Reflexion und Auseinandersetzung nötig.

Um Regelungen transparent und in einem gemeinsamen Aushandlungsprozess mit den Grundschulkindern zu vereinbaren, beispielsweise für den Umgang mit Smartphone und Tablet im schulischen Kontext oder im Klassenverband (Regeln für den Klassenchat), lohnt es sich, einen Mediennutzungsvertrag aufzusetzen. Dieser sollte nicht nur die Regeln, Pflichten und Bedürfnisse der Schülerinnen und Schüler beinhalten, sondern auch die der Lehrkräfte. Darüber hinaus kann es sinnvoll sein, mit zunehmendem Alter der Schülerinnen und Schüler oder bei Veränderungen der schulischen Rahmenbedingungen die Absprachen ebenfalls neu auszuhandeln. Unter *mediennutzungsvertrag.de* steht eine Anwendung zur Verfügung, um solche Verträge aufzusetzen und gegebenenfalls bestehende Verträge zu verändern. Die gemeinsame Gestaltung eines solchen Vertrags macht nicht nur Spaß, sondern regt auch zur aktiven Auseinandersetzung mit dem eigenen Mediennutzungsverhalten an und stärkt das Vertrauensverhältnis zwischen Pädagogin bzw. Pädagoge und den Grundschulkindern.

Wenn über Regeln gesprochen wird, kann auch viel über den medialen Alltag der Kinder erfahren werden. Gerne berichten Kinder über ein Spiel, ihren Star oder ihre Lieblingsapp. Der Austausch ist wichtig, denn Kinder benötigen Austausch über ihre Medienerfahrungen. Nur so lassen sich negative Ereignisse, wie beispielsweise der Konsum von nicht geeigneten Inhalten, verarbeiten.

In einem Umfeld, in dem Regeln gemeinsam getroffen werden und Interesse an den medialen Lebenswelten gezeigt wird, lernen Kinder auch, über verstörende Inhalte oder erfahrene übergriffige Kommunikation zu sprechen.

Auch einmal über den Umweltschutz reden

Ein Smartphone bindet kostbare Rohstoffe. Ein Großteil dieser Rohstoffe kommt aus Ländern, in denen die Kinderrechte leider nicht gewahrt werden. Deshalb ist es umso wichtiger, mit den Grundschulkindern auch über den „wahren" Wert der Hardware zu sprechen und aufzuzeigen, wie mit Ressourcen nachhaltig umgegangen werden kann.

Es ist möglich, hierzu auf Material von *Handysektor* zurückzugreifen oder Projekte wie *handysfuerdieumwelt.de* altersgerecht zu erläutern.

Orientierung zu Datenschutz und Werbung geben

Kinder zeigen sich beim Umgang mit ihren Daten häufig recht unbedarft. Sie können nicht einschätzen, wie wichtig es ist, so wenige Daten wie möglich preiszugeben. Hier fehlt es ihnen meist an Erfahrung und sie benötigen ein hohes Maß an Orientierung.
Signalisieren Kinder nur ein geringes Interesse an dem Thema „Datenschutz“, liegt dies nicht selten daran, dass ein Bewusstsein über das (Kinder-)Recht auf Privatsphäre fehlt, der Themenkomplex einfach zu abstrakt erscheint oder in dem Lebensumfeld der Kinder nicht aufgegriffen wird.
Um sich der Thematik „Datenschutz“ zu nähern, steht ein breites und informatives Angebot an kindgerechten Erklärvideos zur Verfügung. Einige empfehlenswerte Angebote sind vorab im Abschnitt „Werkzeuge und Anwendungen“ aufgeführt.

In der Bildungspraxis zeigt sich, dass ein Heranführen an das Thema „Datenschutz in den digitalen Medien“ recht gut gelingt, wenn die Schülerinnen und Schüler zuvor über das Thema „Kinderrechte, also auch über das Kinderrecht der Privatsphäre, Informationen erhalten. Denn dann können die Kinder meist besser nachvollziehen, weshalb es sich lohnt, eigene Daten zu schützen.
Kindern kann bereits früh vermittelt werden, dass es Datentypen gibt, die weder ins Internet gehören noch in die Hände Dritter. Um dies zu erläutern, eignet sich eine einfache Visualisierung von personenbezogenen Daten des Kindes über einen Steckbrief. So lässt sich gut erklären, welche Daten als besonders schützenswert gelten.
Auch über die Persönlichkeitsrechte können Kinder bereits früh aufgeklärt werden. Auch dies gelingt gut über einen Steckbrief mit (Profil-)Foto, denn an einem solchen lässt sich das Recht am eigenen Bild gut thematisieren. Auch kann dies als sinnvoller Impuls für den Umgang mit Fotos und Daten anderer Personen wahrgenommen werden.

Ist bei Kindern für ein gewisses Grundverständnis für den Umgang mit Daten gesorgt, können Pädagoginnen und Pädagogen darüber hinaus Tipps geben, wie sich Informationen mit Hilfe eines sicheren Passwortes schützen lassen. Hier kann z. B. die Unterrichtsidee *Sichere Passwörter knobeln* angewendet werden (siehe dazu die Unterrichtsidee in diesem Kapitel).

Auch die Themenbereiche „Sicherer Umgang mit Apps“ sowie „Werbung“ haben im Kompetenzbereich „Schützen und sicher agieren“ ihre Relevanz, denn bereits die Jüngsten nutzen Spiele-Apps, Messenger und Online-Games.
Kinder sollten wissen, dass Apps (in der Regel) Daten sammeln und es sich immer lohnt, gründlich zu überlegen, ob eine gewünschte App wirklich benötigt wird oder eine eher selten genutzte Anwendung nicht auch gelöscht werden kann. Ein Blick in die App-Berechtigungen sowie deren Erläuterung, beispielsweise bei der Anwendung *WhatsApp*, kann dabei helfen, Schülerinnen und Schülern aufzuzeigen, welche Daten eine App sammelt. Durch einen Vergleich mit einer geeigneten App, die auf das Sammeln und die Weitergabe von Daten verzichtet, kann den Schülerinnen und Schülern deutlich gemacht werden, dass es Anbieter gibt, die stärkere Verwertungsinteressen verfolgen.
Auch sollten schon Kinder im Grundschulalter Hinweise auf sogenannte InApp-Käufe, Clickbaiting (das Verleiten zum Klicken durch z. B. reißerische Überschriften) und auf gezielte Werbeeinblendungen erhalten. Auch hierzu bietet beispielsweise das Angebot *Internet-ABC* durch geeignete Lernmodule Material zur Auseinandersetzung.

WICHTIGE ASPEKTE

- Kinder brauchen Austausch und Gespräche zu den Medienerfahrungen, die sie sammeln, denn so können sie das Erlebte besser verarbeiten und reflektieren.
- Zeigen Sie Interesse an den (medialen) Lebenswelten der Kinder. So stärken Sie das Vertrauensverhältnis zwischen Ihnen und den Schülerinnen und Schülern.
- Kinder sollten ihre Rechte kennen und diese auch im Digitalen erkennen.
- Regeln zur Nutzung von digitalen Medien sollten transparent und partizipativ erarbeitet werden. Dies fördert den reflexiven Umgang.

Unterrichtsidee: Sichere Passwörter knobeln

1 Unterrichtsstunde Klassenstufen 2 bis 4

LERNZIELE

Die Kinder verstehen, dass persönliche Informationen geschützt werden müssen. Sie können selbst ein „sicheres Schloss" in Analogie zu einem sicheren Passwort im Internet erstellen und wissen, wie man sich dieses merken kann.

VORBEREITUNG / GRUNDLAGEN

Es wird eine kleine Kiste mit einem Schloss zur Veranschaulichung benötigt. Die Kiste verdeutlicht, dass ein Passwort (das Schloss) es erschweren soll, an den Inhalt von etwas zu kommen.
Die Lehrkraft sollte sich über Grundlagen zu sicheren Passwörtern informieren, um sie während der Aufgabenbearbeitung weitergeben zu können:

- Ein Passwort sollte mindestens aus acht Zeichen bestehen.
- Namen von Freunden, Familienmitgliedern oder Haustieren und Geburtstage sind keine sicheren Passwörter.
- Sicher ist ein Passwort, wenn es aus verschiedenen Buchstaben (kleinen und großen) ohne Zusammenhang besteht.
- Noch sicherer wird es, wenn die Buchstaben durch Zahlen und Satzzeichen ergänzt werden.
- Wichtig ist, dass das Passwort keinen persönlichen Bezug hat.

INHALT MIT AUFGABENSTELLUNG

Mit Hilfe der Metapher eines sicheren Schlosses für eine Schatzkiste in Analogie zu einem sicheren Passwort im Internet lernen die Kinder eine Möglichkeit kennen, ein Passwort zu erstellen, das man sich gut merken kann. Dafür werden die Anfangsbuchstaben und Zahlen eines einfachen Satzes verwendet.
Hier ist es wichtig, dass die Kinder dafür sensibilisiert werden, dass persönliche Informationen (Daten) über eine Person, also auch sie selbst, geschützt werden müssen, weil sie wie ein Schatz in einer Schatzkiste sind, den niemand stehlen darf.
Die Aufgabenstellung lautet:
Knobele ein möglichst sicheres Passwort, mit dem du das Schloss deiner eigenen Schatzkiste verschließen würdest.

ABLAUF MIT METHODEN

Zu Beginn der Stunde kann eine Einführung in das Thema „Privatsphäre und persönliche Informationen/Daten" erfolgen.
Dann leitet die Lehrkraft im Plenum die Aufgabe ein, indem sie eine mit einem Schloss verschlossene Kiste zeigt, die nur ihr gehört und an deren „Schatz" niemand außer ihr herankommen darf. Damit das Schloss nicht geknackt wird, wurde es mit einem Passwort gesichert.
Die Lehrkraft gibt eine kurze Einführung zu sicheren Passwörtern.
Um zu zeigen, wie ein sicheres Passwort aussieht, schreibt die Lehrkraft sechs Beispiele an die Tafel, drei für schlechte Passwörter und drei für gute:

- schlechte: *Bello101112* (Haustier und Zahlenreihe), *mamastineamir* (Familienmitglieder), *04032013* (Geburtsdatum)
- gute: *W2ssfsd3!, VdE20SHw, WfiHM?DO!*

Die Kinder sollen herausarbeiten, warum die Beispiele schlechte und gute Passwörter sind. Anschließend macht die Lehrkraft darauf aufmerksam, dass man sich sein Passwort auch merken muss und zeigt, dass die drei guten Beispiele aus Sätzen, die man sich einfach merken kann, entstanden sind:

- **W**enn **2** **s**ich **s**treiten, **f**reut **s**ich **d**er **3**.!
- **V**or **d**em **E**ssen **20** **S**ekunden **H**ände **w**aschen
- **W**er **f**ährt **i**m **H**ühnerstall **M**otorrad**?** **D**ie **O**ma**!**

Die Kinder bekommen die Aufgabe, sich selbst ein sicheres Passwort anhand eines Satzes auszudenken. Danach versuchen sie in Partnerarbeit, den Satz hinter dem Passwort des anderen zu erraten. Die Ergebnisse werden zum Abschluss im Plenum vorgestellt.

HINWEISE ZUR BEARBEITUNG

Um das Thema im Internet direkt anzusprechen, kann die Lehrkraft zur Einführung im Plenum erfragen, wer sich schon einmal im Internet (Spieleplattform, *YouTube* etc.) angemeldet hat, und ob dabei ein Passwort eingegeben werden musste. Die Kinder sollen dann Ideen sammeln, warum sie ihren Account durch ein Passwort schützen. Damit finden die Kinder eine Begründung für sichere Passwörter.
Nach der Erstellung der eigenen Passwörter können die ausgedachten Passwörter der Kinder auf *checkdeinpasswort.de* geprüft werden, um zu sehen, welcher Sicherheitsstufe sie entsprechen.

Abstraktes für Kinder aufbereiten

Der Kompetenzbereich „Schützen und sicher Agieren" beinhaltet nicht nur für Kinder im Grundschulalter sehr komplexe und abstrakte Themen. Daher ist es umso wichtiger, Kinder frühzeitig in diesem Bereich zu sensibilisieren.
Es gibt speziell für Grundschulkinder aufbereitete Materialien, die einen spielerischen, kindgerechten Zugang ermöglichen. Im Projekt *KABU* von *SIN–Studio im Netz* (*studioimnetz.de/projekte/kabu*) sind kostenlose Arbeitsblätter explizit für die Grundschule entstanden, die u. a. eine Vielzahl der relevanten Themen behandeln. *KryptoKids* (*krypto-kids.de*) ist ein Gruppen-Abenteuerspiel in Form einer App für Kinder zwischen acht und zwölf Jahren, das spielerisch, eingebettet in eine Detektivgeschichte rund um Datendiebstahl, die Themen „Verschlüsselung", „Privatsphäre" und „Datensicherheit" behandelt. Außerdem sind eine Handreichung sowie ergänzende Materialien verfügbar.

Datenschutz als Thema für ältere Kinder und Jugendliche

Je älter die Heranwachsenden werden, desto umfangreicher wird die Auseinandersetzung mit diesen komplexen und abstrakten Themen. Nachfolgend sind Anlaufstellen für eine jugendgerechte Auseinandersetzung aufgelistet.

WEITERFÜHRENDES IM INTERNET

- Das Informationsangebot *Youngdata* zum Datenschutz richtet sich an Jugendliche und gibt Auskunft zu Fragen wie „Wer und was wird durch Datenschutz geschützt?", „Welche Rolle spiele ich dabei?" usw.
  https://www.youngdata.de/
- *DATASELFIE* ist ein spielerisches Experiment mit den gängigen Internetdiensten. Junge Menschen sind eingeladen, ihr Wissen und zur richtigen Datenspeicherung und möglichen Konsequenzen bei Fehlverhalten zu überprüfen. Es geht auch um die Verarbeitung und die Analyse von Daten und konkret um die Internetunternehmen *Google* und *Facebook*.
  dataselfie.jnw-sdm.ch
- Auf *JUUUPORT* helfen Jugendliche anderen Jugendlichen. Auf der kostenlosen Online-Beratungsplattform können sich Jugendliche anonym bei Problemen wie Cybermobbing an geschulte jugendliche *JUUUPORT*-Scouts wenden.
  https://www.juuuport.de

PROBLEMLÖSEN UND HANDELN

Der Kompetenzbereich Problemlösen und Handeln beinhaltet diese Teilbereiche: **Technische Probleme lösen**, **Werkzeuge bedarfsgerecht einsetzen**, **eigene Defizite ermitteln und nach Lösungen suchen**, **digitale Werkzeuge und Medien zum Lernen, Arbeiten und Problemlösen nutzen** sowie **Algorithmen erkennen und formulieren**.

Im Wesentlichen geht es darum, dass Heranwachsende Lösungen für (technische) Probleme finden. Sie kennen digitale Werkzeuge und können diese für den eigenen Gebrauch oder zum Problemlösen einsetzen. Bezogen auf Lernkontexte finden, bewerten und nutzen sie digitale Möglichkeiten für sich selbst.
Außerdem verstehen sie die Funktionsweisen und grundlegenden Prinzipien der digitalen Welt, wie z. B. algorithmische Strukturen.

Der Kompetenzbereich in der Grundschule

In der Grundschule ist es wichtig, Grundsteine für diesen Kompetenzbereich zu legen und damit ein erstes Verständnis für komplexe Prozesse zu schaffen.
Deswegen sollten Grundschulkinder verschiedene Medien sowie digitale Werkzeuge, z. B. Programme zur Textverarbeitung, für Präsentationen, für die Video-, Audio- und Bildbearbeitung, aber auch Programmierumgebungen und Lernanwendungen kennen und nutzen.
Außerdem sollten die Kinder lernen, Probleme zu beschreiben und zu formalisieren sowie eigene Lösungen zu finden und zu beurteilen.
Auch Algorithmen spielen schon im Alltag von Grundschulkindern eine Rolle. Sie sollten erste algorithmische Strukturen in ihrem Alltag erkennen und reflektieren und Algorithmen in einfachen Programmierumgebungen selbst erstellen können. Denn erst ein Verstehen ermöglicht es, Entwicklungen und Prozesse beurteilen, mitgestalten und verändern zu können.

Scroller, Internet-ABC, Programmieren mit der Maus

Ein Zugang, um technische Probleme lösen zu können, ist zu verstehen, wie die Geräte funktionieren. Dabei geht es nicht nur um die Art und Weise, wie sie arbeiten, sondern auch um die Bestandteile. Denn wer versteht, was in einem Smartphone enthalten ist, bekommt eine Vorstellung davon, wie es funktioniert. Dazu kann das Video „Das steckt in deinem Handy" angesehen werden. Es zeigt mit kindgerechten Erklärungen das Innenleben eines Smartphones. Eine erklärende Grafik dazu steht als Download zur Verfügung. Zusätzlich kann auch ein altes Smartphone zerlegt werden.
WEBLINK: *https://www.scroller.de (Schon gewusst? Das steckt im Handy!)*

Wie Kinder die Geräte, die Hardware, kennenlernen und bewerten müssen, so sollten sie sich auch die Funktionsweise des Internets erklären können. Das Lernmodul „So funktioniert das Internet – die Technik" des *Internet-ABC* zeigt auf, wie das Internet aufgebaut ist, mit welchen Geräten man online gehen kann und was Daten und Sicherheit im Internet bedeuten.
WEBLINK: *https://www.internet-abc.de*
(Lernmodul „So funktioniert das Internet – die Technik")

Kinder sollen Medien nicht nur verstehen, sondern auch erlernen, Medien selbst zu gestalten. Auch Kinder können schon programmieren, in der richtigen Umgebung. Der *WDR* bietet mit dem Angebot „Programmieren mit der Maus" umfangreiche und vielseitig aufbereitete Einführungen in das Thema „Codes und Programmieren" mit Videos, Spielen u.v.m., alles im Stil der Maus und ihrer Freunde und Freundinnen, inklusive Unterrichtsvorschlägen und eigener Programmierumgebung, mit der die Kinder spielerisch und bildlich Programmieren können.
WEBLINKS:
zum Material: https://www1.wdr.de/schule/digital
(Unterrichtsmaterial; auf dieser Website lernen Kinder einfaches Programmieren);
zur Programmierumgebung: programmieren.wdrmaus.de

Digitale Werkzeuge

Digitale Werkzeuge sind Anwendungen, Programme und Services, die auf dem PC, Laptop oder auf einem Smartphone zu finden sind. Sie können dabei helfen, eine bestimmte Tätigkeit auszuüben, eine Aufgabe zu erledigen oder ein Problem zu lösen.

Die Herausforderung liegt für viele Menschen darin, die Werkzeuge bedarfsgerecht einzusetzen, also zu erkennen, welches Werkzeug welchem Zweck und welcher Aufgabe dienen kann. Dafür braucht es zunächst Kenntnisse darüber, welche Werkzeuge zur Verfügung stehen und für welchen Zweck sie genutzt werden können.

Übersichten zu digitalen Werkzeugen für schultypische Tätigkeiten sind beispielsweise zu finden unter:

- *bayernedu.net* (unter „DiBiS“, Downloads)
- *magazin.sofatutor.com/lehrer* (über Suchfeld „Digitaler Werkzeugkasten“)
- *schule.at* (unter „Tools“, dort „Werkzeuge für den Unterricht“)

Manchmal reicht das gezielte Auswählen und die Nutzung einer Anwendung nicht aus, um bestimmte Probleme zu lösen. Beispielsweise dann, wenn das Werkzeug nicht alle Anforderungen, die man selbst daran stellt, erfüllt. Dann ist ein tieferes Verständnis von Medien und ihren Funktionsweisen erforderlich, um (vielleicht auch durch „Tricksen“) kreativ neue Lösungen und Wege finden zu können.

Probleme lösen

Zahlreiche Vorgänge in unserer Welt erfordern das Lösen von Problemen. Um Probleme lösen zu können, wird ein Verständnis zu den verschiedenen Bestandteilen des Problems, als das Bewusstsein dafür, was helfen kann, benötigt. Letztlich muss dann ein Weg, um das Problem zu lösen, gefunden werden.

Der Begriff „Problem“ sollte den Kindern wertfrei vermittelt werden. Es geht um Aufgaben oder Fragen, zu denen Lösungen gefunden werden müssen. Es geht nicht um einen defizitären Blick auf Zusammenhänge und Situationen.

Mit der zunehmenden Digitalisierung verändern sich auch die Probleme und deren Lösungen. Sie sind häufig schwer nachvollziehbar, weil die Prozesse dahinter komplex und kaum sichtbar sind. Aber genau das Verständnis um diese Prozesse ist der Schlüssel, den es zu finden gilt, um selbst handeln und gestalten zu können.

Zeichen, Daten und Algorithmen

Im Grunde beruht alles auf Zeichen, auf sogenannten Daten. Bei Computern sind dies Einsen und Nullen. Ein Computer verarbeitet diese Daten, er rechnet mit ihnen. Wie er damit rechnen muss und was er mit Daten machen soll, damit das Gewünschte passiert, schreibt ihm ein von Menschen programmierter Algorithmus vor.

Ein Algorithmus ist ein Lösungsverfahren, also ein Vorgehen, ein Problem zu lösen. Das Vorgehen besteht aus einer Abfolge von Schritten und Anweisungen. Schafft man immer die gleichen Voraussetzungen, führen die immer gleichen Anweisungen auch immer zu einem gleichen Ergebnis.

Ein Algorithmus muss dabei nicht kompliziert und schwierig sein. Zum Beispiel kann auch das Backen eines Kuchens als ein Algorithmus angesehen werden. Wie der Algorithmus in diesem Fall aussieht, wird später erklärt.

Sehr viele Prozesse beruhen auf diesen Abläufen und laufen automatisiert ab. Dahinter stehen Muster und Strukturen, die nachvollzogen und kritisch reflektiert werden können.

Daten, Anwendungen und Algorithmen regeln und sortieren unseren Alltag, sie sind allgegenwärtig, ohne dass man es mitunter sieht oder merkt. Wenn wir beispielsweise im Internet surfen, erhalten wir immer häufiger personalisierte Werbung und Empfehlungen zu Videos, Produkten oder Vergleichbarem. Dies ist kein Zufall, sondern auch das beruht auf Algorithmen. Aber nicht nur online sind Algorithmen zu finden. Auch eine Ampelschaltung funktioniert erst durch einen Algorithmus.

Die Nutzung von Algorithmen bietet Chancen, aber auch Herausforderungen. Im Bildungsbereich finden Algorithmen zum Beispiel Anwendung, wenn durch eine Lernsoftware ausgewertet wird, was ein Kind schon gut kann und wo es noch Probleme hat. Ein Algorithmus kann dem Kind vermehrt Aufgaben anbieten, mit denen es noch nicht Verstandenes üben kann.

Allerdings beruhen alle Algorithmen auf Daten, und wenn ein Algorithmus auf uns zugeschnitten sein soll, braucht er unsere Daten. Die Themen „Datenschutz“ und „Datensicherheit“ sind also eng damit verbunden.

Algorithmen im Grundschulalter

In unserer Welt scheint alles zunehmend komplexer, die meisten Menschen nehmen Algorithmen gar nicht (mehr) wahr, fühlen sich diesbezüglich überfordert und blenden sie aus. Eine Überforderung der Grundschulkinder bezüglich des Themas kann vermieden werden, indem man sich als Lehrkraft nur auf das generelle Verstehen und das Legen erster Grundsteine konzentriert und erst dann im Sinne aller Kinder in der Gruppe die Komplexität erhöht.

Ein Algorithmus löst ein Problem, im Sinne einer Aufgabe, immer auf die gleiche Art. Deswegen kann er viele gleiche Probleme bzw. Aufgaben lösen.
Den Kindern sollte man das generelle Verstehen dieser Definition durch ein Beispiel aus ihrer Erfahrenswelt ermöglichen:
Angenommen, es geht um das Backen eines Kuchens. Der Algorithmus für das Backen eines Kuchens ist das Rezept. Will man mit Hilfe eines Algorithmus Hunderte genau dieser Kuchen auf die gleiche Art und Weise erzeugen, müssen alle Handlungsschritte eindeutig sein. Sind alle Voraussetzungen gleich, liefert der Algorithmus immer das gleiche Ergebnis. Sind alle Zutaten für die gewünschte Anzahl Kuchen vorhanden, werden genau gleiche Kuchen in der gewünschten Menge entstehen.
Damit das klappt, muss jeder einzelne Schritt ausführbar und dabei eindeutig und verständlich formuliert sein. Anweisungen wie „eine Prise Zucker“ oder „etwas Mehl“ sind nicht eindeutig. Mit Anweisungen dieser Art wird der Algorithmus nicht richtig ablaufen, es wird nicht immer der gleiche Kuchen entstehen. Jede Anweisung soll exakt sein, zum Beispiel: „Nimm 300 Gramm Mehl“.
Jeder Algorithmus hat ein Ende, er schließt mit einem Ergebnis ab. Im Beispiel ist dies jeder der Kuchen.

WICHTIGE ASPEKTE

- Kinder sollten dabei unterstützt werden, selbst Probleme zu lösen und eigene Lösungswege zu finden. Sie sollten ihre Lösungswege auch beurteilen.
- Dafür ist es wichtig, dass sie verschiedene digitale Werkzeuge kennen, aus denen sie auswählen können.
- Die Entwicklung eines ersten Verständnisses über Algorithmen hilft bei der kritischen Reflexion.

Unterrichtsidee: Analog Algorithmen verstehen

1 bis 2 Unterrichtsstunden   Klassenstufen 2 bis 4

LERNZIELE

Die Kinder erstellen eine Handlungsanweisung mit bestimmten Abfolgen, die den Weg durch ein Gitterfeld beschreibt. So werden erste Berührungspunkte mit dem Thema „Algorithmen" geschaffen.

VORBEREITUNG / GRUNDLAGEN

Das Spiel wird idealerweise im Großformat auf dem Schulhof (oder in der Turnhalle) gespielt.

Auf dem Schulhof wird mit Kreide ein 4 x 4-Kästchen großes Gitterfeld aufgemalt. Ausgewählte Kästchen markiert die Lehrkraft mit einem ausgemalten Kreis, der für ein „Erdloch" steht. Diese so markierten Felder dürfen nicht betreten werden. Außerdem wird ein Hase, der Hase Hoppel, in das Start-Feld gezeichnet (siehe Skizze, dort oben links). In ein Ziel-Feld wird eine Möhre gezeichnet (siehe Skizze, dort unten rechts). Die Rolle des Hasen wird von den Kindern übernommen.
Wichtig ist, dass bei den Anweisungen, nach denen sich der Hase über das Gitterfeld bewegen soll, die Blickrichtung des Hasen beachtet wird.

INHALT MIT AUFGABENSTELLUNG

Die Kinder erstellen eine Handlungsanweisung mit bestimmten Abfolgen, die den Weg durch das Gitterfeld beschreibt. Die Aufgabe besteht darin, dass der Hase Hoppel den Weg durch das Feld zur Möhre findet.
Die Aufgabenstellung lautet:
Schau dir das Spielfeld mit dem Gitternetz an. Du siehst hier ein Startfeld, auf dem der Hase Hoppel steht, ein Zielfeld, auf dem eine Möhre liegt, sowie verschiedene Erdlöcher, die der Hase Hoppel meiden muss.
Finde einen Weg, auf dem der Hase Hoppel zu der Möhre kommt, ohne in ein Erdloch zu fallen.

ABLAUF MIT METHODEN

Die Kinder sehen sich das Gitterfeld genau an und beschreiben in Partnerarbeit einen Weg von Kästchen zu Kästchen, der vom Hasen zur Möhre führt. Dafür nutzen sie die Befehle „geradeaus", „nach links", „nach rechts". Zudem übernehmen sie die Matrix auf ein Blatt Papier und zeichnen Pfeile in das Gitterfeld. Ein Pfeil bedeutet einen Schritt in das nächste Kästchen in die jeweilige Richtung. Wichtig: Es muss immer die Perspektive des Hasen eingenommen werden, damit die Anweisungen und Richtungen eindeutig sind. Zur besseren Vorstellung dürfen die Kinder die Felder ablaufen.
Anschließend zeigen alle Paare den anderen Kindern ihren Weg, indem eines der beiden Kinder den Weg vorliest und das andere Kind diesen im Spielfeld als Hase Hoppel abläuft. Sollte ein Weg einen Fehler beinhalten, können die Kinder diesen gleich korrigieren und die Abfolge erneut überprüfen. Alle Wege, die zum Ziel führen und bei denen der Hase Hoppel nicht in eines der Erdlöcher gefallen ist, werden in das Gitterfeld eingezeichnet.
Am Schluss sollte ein Reflexionsgespräch im Plenum erfolgen.

HINWEISE ZUR BEARBEITUNG

Es gibt hier mehrere mögliche Wege, von denen alle richtig sind, solange sie eindeutig sind und ins Ziel führen. Zwei mögliche Lösungen im Beispiel sind:
1.: ein Feld geradeaus, nach links drehen, drei Felder geradeaus, nach rechts drehen, zwei Felder geradeaus
2.: nach links drehen, ein Feld geradeaus, nach rechts drehen, drei Felder geradeaus, nach links drehen, zwei Felder geradeaus

Die Beschreibung einer schrittweisen Abfolge ist ein einfacher Algorithmus als Handlungsanweisung. Das Problem, das dieser Algorithmus löst, ist der Weg des Hasen durch das Gitterfeld hin zu seinem Ziel.
Haben die Kinder das Prinzip der schrittweisen Abfolge verinnerlicht und soll das Thema weitergeführt werden, bietet sich ein Einstieg in einfache Programmierumgebungen an, in denen die Kinder bildlich das Programmieren üben. Eine speziell für Kinder gemachte Umgebung ist z. B. die kostenlose Software *Scratch*, eine sehr einfache, bunte Programmierumgebung, in der Befehle wie Bausteine zusammengesetzt werden und zu der es im Internet viele Anleitungen gibt.

Making als kreatives Problemlösen

Neben informatischen und mathematischen Zugängen zum Thema gibt es auch solche, die das Spielerische, Kreative und Soziale in den Vordergrund stellen. Es geht darum, handlungsorientiert zu arbeiten und gemeinsam eigene Ideen für Lösungen zu finden. Der Spaß am Ausprobieren und das haptische Gestalten stehen dabei im Fokus. *Making* hat sich hier als Sammelbegriff für Methoden und Formate für das „Machen mit Medien", analog und digital, etabliert.

Making ist im Trend: Menschen treffen sich in Werkstätten, in *Makerspaces* oder *Fablabs*, und bauen, werkeln, tüfteln – oft gemeinsam – und erschaffen (neue) Produkte. Mittlerweile hat auch der Bildungsbereich, schulisch sowie außerschulisch, diese Entwicklung für sich entdeckt. Unter *Maker Education* erhalten sogenannte Making-Aktivitäten immer mehr Einzug in pädagogische Settings, an Schulen entstehen eigene *Makerspaces*.

Wird am handlungsorientierten und reformpädagogischen Ansatz angesetzt, ist die Verbindung von *Making* und Lernen eindeutig: Es geht um das Verstehen durch Selbermachen. Wenn Kinder mit verschiedenen Werkzeugen und Materialien tüfteln, bauen und ausprobieren, verstehen sie Prozesse und Funktionsweisen. Kommen dabei auch digitale Werkzeuge zum Einsatz, kann ein „Durchschauen" von Medien und Technik gefördert werden. Dieses Verstehen dadurch, dass man etwas selbst gemacht hat, trägt dazu bei, dass Probleme auf kreative Art gelöst werden können, indem neue Wege gefunden werden.

Making fördert dabei nicht nur das fächerübergreifende Denken, sondern auch soziale Kompetenzen, denn das kooperative Lernen steht im Vordergrund.

WEITERFÜHRENDES IM INTERNET

- **researchgate.net, Suche: Chance Makerspace:**
  „CHANCE MAKERSPACE – Making trifft auf Schule" von Selina Ingold, Björn Maurer, Daniel Trüby
- **bit.do/handbuch:**
  „Making-Aktivitäten mit Kindern und Jugendlichen – Handbuch zum kreativen digitalen Gestalten" von Sandra Schön, Martin Ebner und Kristin Narr
- **dl-lab.org:**
  fächerübergreifende Materialien und Unterrichtsabläufe des *Digital Literacy Lab* zu den Themen „Nachhaltigkeit" und „Digitalisierung"

ANALYSIEREN UND REFLEKTIEREN

Der Kompetenzbereich **Analysieren und Reflektieren** beinhaltet zwei Teilbereiche: **Medien analysieren und bewerten** sowie **Medien in der digitalen Welt verstehen und reflektieren**.

Im Wesentlichen geht es darum, dass Heranwachsende Gestaltungsmittel, den bewusst gesteuerten Umgang mit Themen sowie die Wirkungen von Medien erkennen, analysieren und bewerten können.
Außerdem kennen sie die Bedeutungen sowie Chancen und Risiken von Medien und deren Gebrauch in unterschiedlichen Lebensbereichen, wie z. B. in ihrem eigenen Alltag.

Der Kompetenzbereich in der Grundschule

Bereits Grundschulkinder sollen Medien nicht einfach nur konsumieren, sondern aktiv über Medien und ihr eigenes Mediennutzungsverhalten reflektieren. Denn so wird von Anfang an ein kritischer und selbstbewusster Umgang mit Medien geübt und damit für die Kinder selbstverständlich.
Grundschulkinder sollen sich über die Vielfalt der Medien sowie ihre Erfahrungen mit diesen austauschen können. Sie sollen die Ziele und Absichten einzelner Medienangebote verstehen und diese so reflektiert und zielgerichtet nutzen können.
Außerdem sollen Grundschulkinder über ihr eigenes Mediennutzungsverhalten und die Folgen nachdenken, sodass sie ein Gefühl für eine „sinnvolle“ und selbstregulierte Mediennutzung entwickeln.
Damit dies gelingt, sollen Grundschulkinder zusätzlich Chancen und Herausforderungen von Medien, die sie nutzen, entdecken.

Medientagebücher, Medienführerschein, Mitmachheft

Um Kinder dabei zu unterstützen, die eigene Mediennutzung aktiv zu reflektieren, kann ein Medientagebuch angelegt werden. Grundschulkinder erhalten so die Möglichkeit, über einen Zeitraum von einer Woche oder länger, das eigene Mediennutzungsverhalten zu dokumentieren. Die Kinder schreiben auf, welche Medien sie nutzen und was genau sie mit diesen Medien machen. Zusätzlich können die Gründe für die Nutzung vermerkt werden. Die Tagebücher können heruntergeladen und vor dem Unterricht ausgedruckt werden. In der gesamten Klasse können sie verglichen und gemeinsam ausgewertet werden.
Für das Vorhaben empfiehlt es sich, die Elternschaft zuvor darüber genau zu informieren und sich das Einverständnis der Eltern einzuholen, damit die Kinder sich abschließend problemlos zu den Inhalten der Tagebücher im Unterricht austauschen können.

FUNDSTELLE ZUM AUSDRUCKEN:

https://www.fidibuzz.de/mediabase/pdf/Medientagebuch_75.pdf

Wer lieber ein Tagebuch in Plakatform erstellen möchte, kann hierzu online über die Internetseite des Vereins *Metaversa* eine Vorlage downloaden:

http://metaversa.de/web/medientagebuch-zum-download/

Der Medienführerschein Bayern ist ein Projekt der *Stiftung Medienpädagogik Bayern* und hat zum Ziel, medienkompetentes Handeln zu fördern. Hierzu stehen interessierten pädagogischen Fachkräften kostenlose Materialien zur Verfügung. Für den Bildungsbereich Grundschule, Klassen 3 und 4, werden insgesamt sieben Module zu verschiedenen Themen angeboten.

WEBLINK:

https://www.medienfuehrerschein.bayern/Angebot/22_Grundschule.htm

Das Mitmachheft der Initiative *Internet-ABC* richtet sich an Kinder der Klassenstufen 1 und 2. Für Lehrkräfte wird zusätzlich ein Begleitheft angeboten.
Das *Mitmachheft* soll einen ersten Einstieg zur kritischen Auseinandersetzung mit dem eigenen Mediennutzungsverhalten ermöglichen. Hierzu können insgesamt vier Themenbereiche spielerisch und kreativ bearbeitet werden.

WEBLINK: *https://www.internet-abc.de/lehrkraefte/unterrichtsmaterialien/flyer-broschueren/mitmach-heft-fuer-kinder-mein-erstes-internet-abc/*

Die eigene Mediennutzung reflektieren

Medientagebücher sind eine gute Möglichkeit, Kinder dazu anzuregen, einmal über das eigene Mediennutzungsverhalten nachzudenken. Die Tagebücher sind dabei eine Unterstützung. Allein durch die Visualisierung und das bewusste Festhalten der Daten sowie durch den Austausch darüber können grundlegende Reflexionsprozesse angestoßen und es kann ein lebensweltbezogener Austausch in der Klasse geführt werden. Darüber hinaus erhalten Lehrkräfte mit diesem einfachen Vorgehen einen umfassenden Einblick in die medialen Welten der Kinder, auch wenn dieser natürlich nur eine Momentaufnahme darstellt.
Bei der Erstellung der Medientagebücher und den gemeinsamen Austausch zu diesen sollten Lehrkräfte den Kindern deutlich ihre Wertschätzung und Anerkennung zeigen – schließlich teilen die Kinder mit einem Tagebuch auch sehr persönliche Informationen.
Dass die Tagebücher im Besitz der Kinder verbleiben, versteht sich allein aus datenschutzrechtlicher Sicht von selbst.

Zwischen Realität und Inszenierung unterscheiden

Als geeignete Ergänzung zum Medientagebuch können Lehrkräfte die Kinder „Lebensweltplakate" erstellen lassen. Die Kinder erhalten den Auftrag, Plakate (Steckbriefe und Collagen) zu ihren aktuellen (Medien-)Stars zu produzieren. Dies kann analog mit Schere, Stiften und Papier (alle Klassenstufen) oder digital (ab der 4. Klasse) mit der App *Comic Life* (für *IOS*) oder mit der App *Comic Strip it!* (für *Android*) erstellt werden (vgl. dazu auch hier Seite 29).
Ziel ist es, gemeinsam mit den Kindern die Plakate auszuwerten und die „Stars" genauer zu betrachten. Lehrkräfte schaffen somit Momente einer differenzierten Auseinandersetzung mit den „Medien-Lieblingen" der Kinder und können auch auf Hintergründe aufmerksam machen, welche den Heranwachsenden möglicherweise bisher verborgen geblieben sind.
Beispielsweise kann gezeigt werden, wie die Vorbilder der Kinder für Werbezwecke vereinnahmt werden oder auch selbst aktiv Werbeabsichten verfolgen. Hier kann für die Klassen 3 und 4 auf das Material der *Stiftung Medienpädagogik Bayern* zurückgegriffen werden. Für Lehrkräfte steht eine ausgearbeitete Unterrichtseinheit zur Verfügung, mit Hilfe derer sich die Kinder mit ihren medialen Lieblingsfiguren auseinandersetzen können.

Apropos mediale „role models"

Gesellschaft ist divers, mediale Darstellungen sind es häufig nicht. Eine Vielzahl von Studien verweist darauf, dass medienübergreifend in medialen Darstellungen und Inszenierungen stereotype Rollenbilder reproduziert werden.
Doch es geht nicht nur um das Thema „Geschlechterdarstellung in Medien", sei es in Computerspielen, Büchern, Filmen oder im *Social Web*. Medien bilden viel zu selten die Diversität von Lebenswelten ab. In jeder Schulklasse finden sich vielfältige Identitäten mit diversen Lebensrealitäten wieder. Lehrkräfte können dafür Sorge tragen, dass diese Vielfalt Anerkennung und Wertschätzung erhält. Um dies zu ermöglichen, sollten für den Lernraum diversitätssensible mediale Inhalte, die Ausschlüssen und Diskriminierung entgegenwirken können, ausgewählt und bereitgestellt werden. Die intersektionale Kinderbuchliste der *Initiative intersektionale Pädagogik i-PÄD* (www.i-paed-berlin.de) sei hier als eines von vielen geeigneten Hilfsmitteln für die Unterrichtsgestaltung genannt.

Es gibt viele kreative Methoden, die Kinder bei der kritischen Auseinandersetzung mit den eigenen Medienvorbildern unterstützen können. Warum nicht einmal eigene Mediencharaktere mit Superkräften erschaffen und diese analog oder digital zeichnen lassen? Hierbei können Kinder nicht nur kreativ wirken, sondern auch fernab von vorgeschriebenen Rollen ihrer Fantasie freien Lauf lassen. Die selbst erschaffenen Persönlichkeiten können den Stars und Vorbildern aus Filmen, *YouTube*-Videos oder aus den sozialen Netzwerken gegenübergestellt und kritisch verglichen werden.

Passende Kanäle für die eigenen Anliegen nutzen und Teilhabe sowie Mitbestimmung begreifen

Kinder dürfen mediale Inhalte nicht als gegeben hinnehmen. Vielmehr sollten sie begreifen, dass sie Medien für eigene Anliegen nutzen und gestalten können. Ob Programmieren, Fotografieren, das Erstellen von Comics, das Produzieren von Hörspielen oder Videoschnipseln – jegliche Art der Produktion zeigt den jungen Heranwachsenden, dass sie sich Medien aneignen können, und stärkt somit die Selbstwirksamkeit eines jeden Kindes.

In sozialen Netzwerken und Chatgruppen können auch bereits junge Heranwachsende mit Übergriffen konfrontiert werden, wenn sie Zugang zu diesen haben. Deshalb ist es wichtig, schon Kindern in geeigneter Weise aufzuzeigen, wo Gewalt im Internet anfängt und wie sie sich verhalten können, wenn sie beispielsweise von (Cyber-)Mobbing oder Hate-Speech betroffen sind.
Hierzu bietet zum Beispiel die Plattform *Internet-ABC* ein Lernmodul für Kinder ab den dritten Klassen an. Hier wird erstes Grundlagenwissen vermittelt und Verhaltensweisen für betroffene Personen werden thematisiert. Schon Grundschulkinder können hier die aktive Gegenrede üben, indem sie Sprüche kreieren, welche sie einer gewaltausübenden Person entgegensetzen würden. Somit erlernen die Kinder nicht nur, wie sie Gewalt in Kommunikationsräumen erkennen, sondern auch, wie sie angemessen und aktiv betroffene Personen unterstützen können.

WICHTIGE ASPEKTE

- Kindern fällt es durch den gemeinsamen Austausch leichter, die eigene Mediennutzung zu reflektieren. Lehrkräfte sollten deshalb Gelegenheiten dazu schaffen. Medientagebücher können hier helfen.
- Besonders jüngere Kinder erkennen meist den Zusammenhang zwischen Merchandising und ihren medialen Identifikationsfiguren nicht. Deshalb ist es sinnvoll, Kinder dahingehend zu sensibilisieren.
- Identitäten und Lebensrealitäten sind divers. Im Unterricht sollten diversitätssensible mediale Inhalte verwendet werden. Es müssen Lernräume geschaffen werden, in denen Vielfalt, Anerkennung und Wertschätzung selbstverständlich sind.
- Kinder sollen Medien für die eigenen Anliegen und Bedürfnisse nutzen können. Das regelmäßige Produzieren eigener Medieninhalte unterstützt Grundschulkinder dabei, ihre Teilhabe- und Gestaltungsmöglichkeiten zu erkennen.

Unterrichtsidee: Umweltplakat – Mein Medienstar!

2 Unterrichtsstunden Klassenstufen 1 bis 4

LERNZIELE

Die Kinder setzen sich aktiv und kritisch mit ihren medialen Vorbildern und Medien-Stars auseinander. Es geht dabei um Fragen der Identitätsbildung:
Mit welchen Inhalten und Darstellungen identifizieren sich die Kinder?
Werden problematische Darstellungen und Inszenierungen, welche beispielsweise Ausgrenzung und Übergriffigkeiten transportieren, kritisch hinterfragt oder für das eigene Handeln aufgegriffen?

VORBEREITUNG / MATERIAL

Damit die Kinder ihre Plakate nicht strukturlos erstellen, sollte zur Vorbereitung eine Beispielvorlage zur Verfügung gestellt werden.
Die Vorlage kann, je nachdem, auf welche Punkte in der späteren Reflexion eingegangen werden soll, die folgenden Kategorien enthalten:
Mein Vorbild aus den Medien

- Das macht mein Vorbild aus den Medien für mich besonders.
  (Was findet das Kind so beeindruckend?)
- Das finde ich manchmal nicht so toll.
  (Gibt es Inszenierungsweisen und Inhalte, welche das Kind bereits kritisch hinterfragt?)
- Das sind die Lieblingsdinge meines Vorbildes. Das macht mein Vorbild oft.
  (Inwieweit werden Hobbys und Freizeitgestaltung durch das jeweilige Vorbild beeinflusst?)
- Darum geht es meistens bei meinem Vorbild aus den Medien.
  (Fragen nach Interessenfeldern des Kindes)
- Dafür macht mein Vorbild aus den Medien Werbung.
  (Gibt es Bedürfnisse, die durch die Werbung des Vorbildes erzeugt werden?)
- Das würde ich meinem Vorbild aus den Medien gerne mal sagen.
  (Gibt es möglicherweise Kritik an dem medialen Vorbild?)

Für die Erarbeitung benötigen die Kinder des Weiteren Stifte, Papier (DIN A3) und gegebenenfalls weitere Bastelmaterialien.

INHALT MIT AUFGABENSTELLUNG

Die Kinder sollen ein Plakat zu ihrem (Medien-)Vorbild erstellen.
Ob dazu die oben genannte Vorlage genutzt wird und auf welche Kriterien (Textmenge, Schriftgröße, Einsatz von Farben, Anzahl der Fotos usw.) die Lehrkraft hinweist, hängt von den Vorerfahrungen der Schülerinnen und Schüler ab.

ABLAUF MIT METHODEN

Die Lehrkraft gibt in einer Stunde eine kurze Einführung zum Vorhaben und fragt ab, wer welches (Medien-)Vorbild hat. Danach teilt sie den Kindern den Arbeitsauftrag mit. Auch die Eltern sollten über das Vorhaben informiert sein. Zu einem vereinbarten Termin bringen die Kinder die Plakate mit. Die Lehrkraft kann gegebenenfalls bis zur nächsten Stunde das Material sichten und zu einzelnen Stars recherchieren, falls diese ihr nicht bekannt sind.
Die Kinder dürfen ihre Plakate in der Unterrichtsstunde selbst vorstellen.
Die Plakate können im Klassenraum wie in einer Galerie aufgehängt werden. In einem ersten Schritt sollen sich die Kinder alle Plakate ansehen, um sich einen Eindruck zu verschaffen. Erst im dann folgenden Schritt werden die einzelnen Plakate durch die Kinder erläutert.
Im Anschluss kann die Lehrkraft zum Austausch anregen und sollte diesen moderieren. Hierzu stellt sie Schlüsselfragen, welche zur Reflexion über die Vorbilder anregen sollen. Die folgenden Beispielfragen sollen Hilfestellung geben. Sie eignen sich aber je nachdem, ob es sich um eine fiktive Figur oder eine real existierende Person handelt, nicht für jedes Vorbild.

- *Gibt es Gemeinsamkeiten?*
- *Was macht das jeweilige Vorbild so besonders?*
- *Was macht das Vorbild wohl auch im richtigen Leben?*
- *Was ist wohl eher als „Schauspielerei“ anzusehen?*
- *Warum macht dein Vorbild Werbung für das Produkt?*

Die gemeinsame Diskussion kann an der Tafel dokumentiert und die Kernaussagen können gesammelt werden. So lassen sich z. B. Gemeinsamkeiten der Vorbilder entdecken oder kritische Diskussionen zu Werbetätigkeiten der Stars anregen.
Zum Abschluss der Unterrichtseinheit dürfen die Kinder eine eigene Bewertung für die Plakatgestaltung vornehmen.

HINWEISE ZUR BEARBEITUNG

Wenn die Kinder noch nicht lesen und schreiben können, bietet es sich an, die Plakate nur mit Bildern zu gestalten. Diese können entweder gemalt, aus Zeitschriften ausgeschnitten oder mit Hilfe der Eltern aus dem Internet ausgedruckt werden.
Um digitale Plakate zu erstellen, die sich natürlich auch ausdrucken lassen, eignen sich die Apps *Comic Life* (für *IOS*) oder *Comic Strip it!* (für *Android*).
Um möglichen Urheberrechtsverletzungen vorzubeugen, können sich Lehrkräfte auf dem Portal *Lehrerinnenfortbildung Baden-Württemberg* einen umfangreichen, aber dennoch leicht zugänglichen und praxisnahen Überblick zum Themenkomplex verschaffen (*lehrerfortbildung-bw.de/st_recht/urheber/*).

WEITERFÜHRENDES IM INTERNET

- Die *Stiftung Medienpädagogik Bayern* bietet eine komplette Unterrichtseinheit mit Materialien zum Thema „Medienstars und Lieblingsfiguren im Unterricht" als kostenlosen Download an.
  https://www.medienfuehrerschein.bayern/Angebot/Grundschule/3_und_4_Jahrgangsstufe/26_Mein_Fernsehheld.htm
- Im Downloadbereich der *Initiative intersektionale Pädagogik i-PÄD* findet sich eine intersektionale Kinderbuchliste zum kostenlosen Download.
  http://www.i-paed-berlin.de/de/Downloads/
- Für die vertiefende Auseinandersetzung zu Rollenbildern in Computerspielen bietet *klicksafe* eine Themenseite:
  http://www.klicksafe.de/themen/spielen/digitale-spiele/ethik/stereotype-rollenmuster-in-digitalen-spielen/
- Für den diskriminierungssensiblen Sprachgebrauch im Klassenraum empfiehlt sich das „Glossar der Neuen deutschen Medienmacher. Formulierungshilfen für einen diskriminierungssensiblen Sprachgebrauch in der Bildungsarbeit in der Migrationsgesellschaft", welches vom *Informations- und Dokumentationszentrum für Antirassismusarbeit e.V.* kostenlos zur Verfügung gestellt wird:
  https://www.idaev.de/publikationen/
- Mediale Gewalt in Form von „Cybermobbing"? Auch für diesen Themenbereich bietet *Internet-ABC* ein Lernmodul für Kinder an, welches didaktisch-methodische Hinweise für Lehrkräfte enthält.
  https://www.internet-abc.de/

WISSENWERTES ZUR ELTERNARBEIT

Dieses Kapitel gibt zahlreiche Tipps und Hilfen für die Elternarbeit.
Denn: **Medienbildung ist kein rein schulisches Thema.**
Medien spielen in allen Lebensbereichen der Kinder eine Rolle. Vor allem das familiäre Umfeld legt meist sehr früh Grundlagen für den Umgang mit Medien und die Aneignung von Medien. Oftmals kommt es schon früh in der Familie zu Konflikten bezüglich der Nutzungszeiten und Nutzungsdauer oder hinsichtlich der Angemessenheit digitaler Angebote. Eltern wissen dabei mitunter nicht, wie ein guter, sinnvoller Umgang mit Medien in ihrer Familie aussehen kann und wie sie der Komplexität des Themas gerecht werden können.
Damit Kinder sich zielgerichtet mit medialen Themen beschäftigen, dabei lernen, ausprobieren und Fragen stellen können, müssen Schule und Elternhaus als Partner agieren. Erste Anlaufstellen zur Medienerziehung, die Eltern von Lehrkräften empfohlen werden können, sind die Folgenden:

Der Elternratgeber SCHAU HIN! des *Bundesministeriums für Familie, Senioren, Frauen und Jugend (BMFSFJ)* sowie der öffentlich-rechtlichen Sender *Das Erste* und *ZDF* informiert umfassend und gibt dabei verständliche Einschätzungen und alltagstaugliche Empfehlungen in Fragen der Medienerziehung.
Er ist auch für Pädagoginnen und Pädagogen als Primärquelle geeignet.
WEBLINK: *https://www.schau-hin.info/*

Elternguide.online, ein Angebot der *Freiwilligen Selbstkontrolle Multimedia-Diensteanbieter (FSM),* enthält eine Vielzahl an Informationen und zahlreiche alltagsorientierte Beispiele. Die individuelle *Guided Tour* ermöglicht einen zielgerichteten Zugang und bietet so eine erste hilfreiche Orientierung.
WEBLINK: *https://www.elternguide.online/*

Der Elternbereich von klicksafe bietet Unterstützung, wenn Eltern ihre Kinder Schritt für Schritt an Internet, PC-Spiele, Smartphone und Apps heranführen wollen. Das Angebot orientiert sich dabei am Alter der Kinder.
WEBLINK: *https://www.klicksafe.de/eltern*

Eltern als Vorbilder

Den ersten Kontakt mit dem Smartphone, dem Tablet und anderen digitalen Geräten erleben Kinder schon sehr früh. Schon für Babys sind die Geräte interessant, denn hier erklingen Töne, es bewegt sich etwas auf dem Display und die Eltern beschäftigen sich möglicherweise sehr häufig mit den Geräten. Kinder nehmen von Beginn an wahr, wie sich ihr Umfeld – in den ersten Jahren vor allem der engere Familienkreis – verhält. Gerade das Smartphone ist für viele Eltern ein ständiger Begleiter geworden. Von der Angst, etwas zu verpassen, kann sich kaum ein Nutzer freisprechen, und so wird das Smartphone eventuell sogar während einer Beschäftigung mit dem Kind zur Hand genommen. Kinder registrieren dies und stufen das Verhalten als „normal" ein.
Erwachsene sollten sich immer vergegenwärtigen, dass Kinder den kompetenten und selbstbestimmten Umgang mit Medien erst erlernen müssen, und dass sie als Bezugspersonen für die Kinder dabei eine überaus wichtige Rolle einnehmen. Eltern müssen sich in puncto Medienbildung und Mediensozialisation ihrer Vorbildfunktion bewusst sein oder vielleicht erst bewusst werden.
Damit Eltern bei Fragen und Anforderungen rund um das Thema „Medien" Vertrauenspersonen ihrer Kinder werden und bleiben, ist es wichtig, dass sie offen mit ihren Kindern sprechen und den Interessen und Fragen der Kinder Beachtung schenken. Eine gute Vertrauensgrundlage für gemeinsame Gespräche zu schaffen, ansprechbar zu sein und wissen zu wollen, welche Bedeutung ein Thema oder ein aktueller (digitaler) Trend für das eigene Kind hat, sind dabei entscheidend.
Neben den Eltern als Vorbildern bestimmt das soziale Umfeld der Kinder deren Medienhandeln mit. Alle medialen Impulse, die Kinder in der Schule oder in anderen (pädagogischen) Einrichtungen und auch im Freundeskreis erhalten, beeinflussen den „medialen Habitus" der Kinder.

Lehrkräfte als Unterstützende

Medienbildung ist ein Prozess, der auch zu Hause bewusst begleitet und reflektiert werden sollte. Oftmals sind Eltern damit überfragt und überfordert, sie wünschen sich Unterstützung.
Lehrkräfte sollten ihr Wissen weitergeben und neben Empfehlungen zu Internetseiten für Eltern z. B. auch mit einem Eltern-Medien-Abend die Möglichkeit zum gemeinschaftlichen Austausch schaffen.

WICHTIGE ASPEKTE

- Zeigen Sie den Eltern auf, dass das Thema „Medienbildung" **ein wichtiger Teil ihrer Erziehungsaufgabe** ist und dass sie dabei nicht allein und auf sich gestellt sind. Es gibt eine Vielzahl diverser Informationsplattformen, Beratungsstellen und medienpädagogischer Einrichtungen, die auch Eltern zur Verfügung stehen.
- Bestärken Sie die Eltern, indem sie sie darüber informieren, dass es in Ordnung ist, nicht immer sofort Antworten auf die komplexen Fragestellungen rund um das Thema „Medien" zu kennen. Es kann auch sinnvoll sein, **zusammen mit den Kindern Neues** zu erfahren.
- Verdeutlichen Sie den Eltern, dass es auch bezüglich des Umgangs mit digitalen Medien essenziell ist, eine gute und stabile Beziehung zum eigenen Kind zu haben, die auf Vertrauen beruht.
- Eltern sollten ihr **eigenes Verhalten beobachten und reflektieren** und dieses bei gemeinsam mit den Kindern vereinbarten Regeln zum Umgang mit Medien berücksichtigen. Dabei spielt auch Gleichberechtigung eine sehr wichtige Rolle: Ist beispielsweise die Verabredung getroffen worden, beim Essen auf das Medium Fernsehen zu verzichten und das Smartphone oder Tablet beiseite zu legen, gilt das auch für die Eltern.
- **Kinder benötigen Unterstützung bei der Anwendung** von Apps und anderen Programmen. Eltern sollten sich die diversen Angebote ansehen, sich über die Anwendungen informieren und erfragen, weshalb das eigene Kind sich mit genau dieser Anwendung beschäftigen möchte.
- Verdeutlichen Sie den Eltern, dass die **Inhalte entscheidend für die Kinder** sind. In den Diskussionen zwischen Eltern und Kindern liegt der Fokus oft auf der Nutzungsdauer von (digitalen) Medien. Absprachen dazu sind natürlich richtig und wichtig, aber entscheidend ist, was geschaut, gespielt oder gemacht wird. Schaut zum Beispiel ein achtjähriges Kind eine Stunde lang eine Serie, die für Kinder produziert wurde und eine für das Kind nachvollziehbare Geschichte erzählt, ist das vertretbar. Schaut das Kind Inhalte, die nicht für Kinder konzipiert bzw. geeignet sind, spielt die Dauer eine untergeordnete Rolle. Es soll vermieden werden, dass das Kind möglicherweise inhaltlich überfordert wird; es muss vermieden werden, dass das Kind Inhalte konsumiert, die ihm nicht zugänglich sein sollen.
- Um das Vertrauensverhältnis zu den Kindern zu stärken, sollten die Eltern für **gemeinsame Medienerfahrungen** sorgen. Dies können ein reflexives Gespräch über Inhalte sein, das gemeinsame Spielen an Konsole oder Smartphone und sogar das gemeinsame Vornehmen von Sicherheitseinstellungen.

PRAKTISCHE ARBEIT: ELTERNABEND ZUM THEMA „MEDIEN“

2 Stunden Klassenstufen 1 bis 4

ZIELSETZUNG

Wünschenswert ist:

- die Eltern für das Thema „Medienbildung“ sensibilisieren und ihnen dabei (falls vorhanden) das Medienkonzept der Schule näherbringen sowie ihnen die Möglichkeiten der Schule aufzeigen
- durch die Diskussion zu einem allen (Kindern, Eltern und Lehrkräften) bekannten Gegenstand (Medien) eine Zusammenarbeit mit den Eltern anstoßen oder fördern
- den Eltern Unterstützung anbieten und ein Vertrauensverhältnis zwischen Eltern und Schule in Bezug auf das neue Thema „Medienbildung“ schaffen.

Zu vermeiden ist:

- die eigene Meinung zum Thema in den Vordergrund stellen
- die Intention der Veranstaltung in der Diskussion aus den Augen verlieren.

VORBEREITUNG

Fragen zur Vorbereitung an sich selbst:

- Ist dies eine einmalige Veranstaltung oder soll sie fortgeführt werden?
- Was ist die Intention?
- Wie heterogen ist die Zielgruppe Eltern in Bezug auf das Thema?
- Welche Inhalte **müssen** eine Rolle spielen und wo gibt es Schwerpunkte?
- Können Beobachtungen aus dem Unterricht oder Schulalltag genutzt werden, ohne dabei einzelne Kinder oder Gruppen zu diskreditieren oder unnötig hervorzuheben?

Fragen zur Vorbereitung an die Eltern:

Idealerweise werden vorab Wünsche und Fragen der Eltern eingeholt.

ABLAUF

Einstiegsphase

Zum Einstieg können verschiedene Methoden zum Einsatz kommen:

- eine gemeinsame Abfrage zum Thema „Medienwelten von Kindern“
- kurz die eigene „Medienbiografie“ vorstellen, z. B. anhand von Erinnerungen an prägende Figuren, Lieblingsangebote oder erste eigene Geräte

- Bildkarten mit verschiedenen Medien zur Auswahl anbieten mit anschließender Blitzlicht-Vorstellung und der Antwort darauf, warum diese Bildkarte ausgewählt wurde
- Plakate zum eigenen Medienumgang (Wer? Was? Wie? Warum?) von den Kindern zeichnen lassen und am Elternabend als Einstieg verwenden.

Zielsetzung dieser Phase ist es, eine Auflockerung zu schaffen, mögliche Skepsis oder gar Ängste zu nehmen, Schnittpunkte zwischen den Lebenswelten „Erwachsene/Eltern – Kind“ aufzuzeigen, individuelle Bedarfe zu erkennen und die Gruppe einschätzen zu können.

Informationsphase

Der Beginn dieser Phase kann ein Vortrag mit Präsentation sein. Je nachdem, ob es sich um eine einmalige oder mehrteilige Veranstaltung handelt und wie stark die Wünsche und Fragen der Eltern Raum finden können und sollen, kann der Input sehr unterschiedlich gestaltet sein:

- grundlegende Einführung in das Thema „Medien“ und deren Bedeutung für die Kinder
- ein spezielles Thema, das fokussiert besprochen wird, z. B. Computerspiele, Videoportale und Influencer, Mobbing und Cybermobbing, Soziale Netzwerke
- ein Frage-Antwort-Input aus den Abfragen, die vorab erfolgt sind.

Weitere Bestandteile dieser Phase können je nach Thema und Fokus sein:

- in der Schule genutzte Anwendungen, die die Kinder kennen und mögen, von den Eltern selbst testen lassen
- die Kinder in Form von kurzen Audio- oder Videointerviews zu Wort kommen lassen, um sich von ihnen selbst die Bedeutung von Medien in ihrem Alltag erklären zu lassen
- externe Expertinnen und Experten, z. B. aus einem Medienzentrum, zu einem konkreten Thema einladen oder per Videoeinspieler einbinden.

Ziele der Informationsphase (themenübergreifend) sind:

- die digitalen Lebenswelten der Kinder näherbringen
- den Kinder- und Jugendmedienschutz als Querschnittsthema aufgreifen
- die Wichtigkeit der gemeinschaftlichen Medienerfahrungen fokussieren
- Ängste nehmen (Was könnten die nächsten „kleinen“ Schritte sein?)
- eigene Ressourcen aufzeigen und bestärken.

HILFREICHES IM INTERNET

- SCHAU HIN!-Medienkompetenzpaket für Elternabende mit Präsentation, Flyern etc. auf **lehrer-online.de (Suche: Medienkompetenzpaket)**
- Handreichungen zur Durchführung von Elternabenden: **klicksafe.de/elternarbeit**
- Elternabend zu „Kinder sicher im Netz“: **internet-abc.de/lehrkraefte**; im Bereich „Praxishilfen“ auf „Elternarbeit“.

Diskussionsphase und Abschluss

Zum Abschluss sollten die Inhalte zusammengefasst werden, vor allem die zur Verfügung stehenden Ressourcen. Auch darf nochmals Mut gemacht werden. Dafür ist es wichtig, offene Fragen aufzunehmen und wenn möglich zu beantworten. Antworten auf Fragen, die nicht sofort beantwortet werden können, sollten zu einem späteren Zeitpunkt allen nachgereicht werden.
Darüber hinaus kann es helfen, die genutzten Quellen zum späteren Nachvollziehen oder individuellen Vertiefen an die Eltern weiterzugeben. Eine solche Linkliste kann sofort verteilt werden. Wenn sie zukünftig von der Lehrkraft ergänzt und gepflegt wird, sollten die Eltern Zugriff auf die Liste erhalten.
Zum Abschluss sollte natürlich ein Feedback zu der Veranstaltung eingeholt werden.

Ziele der Diskussionsphase und des Abschlusses sind:
- Mut machen
- ein offenes Ohr für die Fragen der Eltern anbieten
- den Willen zu einer weiteren Zusammenarbeit im Sinne der gemeinsamen Ziele zeigen.

Nachbereitungsphase

Nach Abschluss der Arbeit mit den Eltern kann die Linkliste noch einmal überarbeitet und auf die während des Elternabends wahrgenommenen Bedürfnisse angepasst werden. Auch die noch unbeantworteten Fragen sollten möglichst zeitnah geklärt werden. Hierzu eignen sich auch Rundmails, um zu gewährleisten, dass alle die Informationen erhalten.

Themenbezogene Empfehlungen für Eltern

Die Fragen von Eltern in Bezug auf Medien und Medienerziehung sind vielfältig. Anhand der gängigen und häufig aufkommenden Themen sind im Folgenden wertvolle Angebote nach Themen geordnet aufgeführt.

- Thema „Mediennutzung“:
  Vorlage für einen Mediennutzungsvertrag mit individuellen Anpassungen unter **mediennutzungsvertrag.de**
- Thema „Verletzendes Verhalten“:
  - Online-Beratungsplattform für Kinder und Jugendliche, auf der Jugendliche (Scouts) anonym und kostenlos bei Problemen im Netz helfen: **juuuport.de**
  - telefonische Beratung für Kinder, Jugendliche und Eltern bei Problemen, anonym und kostenlos: **nummergegenkummer.de**
- Thema „TV und Streaming“:
  TV-Programmratgeber für Kinder mit Bewertungen und der Einordnung des aktuellen Programms unter Kinderperspektive; hinzu kommen die Bereiche Kino, Hörmedien, Spiele, Internet: **flimmo.de**
- Thema „Smartphone und Apps“:
  - Sammlung der vom Pädagogischen Medienpreis prämierten Apps, Games und Websites für Kinder und Jugendliche: **studioimnetz.de**, hier unter dem Stichwort „Projekt Pädagogischer Medienpreis“
  - Tipps, Informationen und kreativen Ideen rund um Smartphones und Apps für Jugendliche unter **handysektor.de**
- Thema „Computerspiele“:
  - Plattform der Bundeszentrale für politische Bildung mit Informationen über und pädagogische Beurteilungen von Computerspielen: **spielbar.de**
  - Ratgeber und Lexikon der Unterhaltungssoftware Selbstkontrolle (USK) für Familien zum Thema „Digitale Spiele“: **usk.de/fuer-familien**
- Thema „Soziale Netzwerke“: umfangreiche Bewertungen verschiedener Online-Dienste und Tipps zu Einstellungen auf **kompass-social.media**
- Thema „Datensicherheit“: „Der Weg der Daten“ oder „1x1 des Datenschutzes“ im *Scroller – Medienmagazin für Kinder* unter **scroller.de**
- Thema „Kreatives“:
  Projektideen für Familien zum kreativen Umgang mit Medien auf **letsdigi.de**
- Erfahrungen und Tipps von Bloggern:
  - Medienpädagoginnen zu medialen Phänomenen auf **medially.podigee.io**
  - Allgemeines zu „Kinder und digitale Medien” für Eltern auf **nur30min.de**